雄安新区近现代不可移动文物调查研究报告

河北省文物考古研究院　雄安新区联合考古队　编

冯立新　毛保中　编著

科学出版社

北京

内 容 简 介

2017年3月，为配合雄安新区建设，河北省文物局组织联合考古队对雄安新区进行了全面文物调查。随着雄安新区建设的快速推进，大量近现代不可移动文物将面临文物环境的巨大变化甚至文物本体的直接消失。本书的编撰本着既有利于文化遗产保护，又有利于新区基本建设的原则，希望籍此对雄安近现代历史文化遗产进行系统梳理，对雄安新区近现代不可移动文物资源总体特征、分布情况和文物价值进行综合评判，并对未来的文物保护和利用提出针对性意见和建议。

本书适合文物爱好者、文物考古研究人员、文化遗产保护管理工作者参考阅读。

审图号：冀雄S（2023）1号　冀雄S（2023）2号

图书在版编目（CIP）数据

雄安新区近现代不可移动文物调查研究报告／河北省文物考古研究院，雄安新区联合考古队编；冯立新，毛保中编著 . —北京：科学出版社，2023.10

ISBN 978-7-03-076779-0

Ⅰ. ①雄… Ⅱ. ①河… ②雄… ③冯… ④毛… Ⅲ. ①文物—考古调查—研究报告—雄安新区 Ⅳ. ① K872.223

中国国家版本图书馆CIP数据核字（2023）第202710号

责任编辑：赵　越／责任校对：邹慧卿
责任印制：肖　兴／封面设计：金舵手世纪

科学出版社 出版
北京东黄城根北街16号
邮政编码：100717
http://www.sciencep.com
北京汇瑞嘉合文化发展有限公司 印刷
科学出版社发行　各地新华书店经销
*
2023年10月第 一 版　开本：889×1194　1/16
2023年10月第一次印刷　印张：10 3/4　插页：2
字数：200 000
定价：198.00 元
（如有印装质量问题，我社负责调换）

本书为河北省社会科学基金项目

项目名称：雄安新区近现代不可移动文物调查研究

立项编号：HB22KG004

学科分类：考古学

所在单位：河北省文物考古研究院

项目负责人：毛保中

课题组成员：冯立新　魏振军　郝娇娇　郭晓明

前　言

　　2017年3月，中共中央、国务院印发通知，决定设立河北雄安新区。这是以习近平同志为核心的党中央做出的一项重大历史性战略选择，是继深圳经济特区和上海浦东新区之后又一具有全国意义的新区，是千年大计、国家大事。

　　文物承载灿烂文明，传承历史文化，维系民族精神，是老祖宗留给我们的宝贵遗产，是加强社会主义精神文明建设的深厚滋养。保护文物功在当代、利在千秋。为了贯彻落实习近平总书记关于雄安新区建设中"要坚持保护弘扬中华优秀传统文化、延续历史文脉"的重要指示，着眼长远，切实做好新区文物保护工作，为雄安新区科学规划和稳步建设提供考古依据，按照国家文物局和河北省委、省政府统一部署和总体要求，河北省文物局组织成立了雄安新区联合考古队，按照"保护为主，抢救第一，合理利用，加强管理"的文物工作方针，全面开展雄安新区规划区域内文物调查，获取了大量宝贵的第一手资料，共登录不可移动文物300余处。其中近现代重要史迹和典型建筑60处，包括传统民居8处，典型建筑12处，重要史迹12处，革命纪念设施25处，其他3处。

　　随着雄安新区建设的快速推进，大量近现代不可移动文物将面临文物环境的巨大变化甚至文物本体的直接消失。本着既有利于文化遗产保护，又有利于新区基本建设的原则，编撰了《雄安新区近现代不可移动文物调查研究报告》，希望籍此对雄安近现代历史文化遗产进行系统梳理，对雄安新区近现代不可移动文物资源总体特征、分布情况和文物价值进行综合评判，并对未来的文物保护和利用提出针对性意见和建议。

目　录

第一章
背景与概况

1.1　地理位置及行政区划

2017年3月，中共中央、国务院印发通知，决定设立河北雄安新区。这是以习近平同志为核心的党中央做出的一项重大历史性战略选择，是继深圳经济特区和上海浦东新区之后又一具有全国意义的新区，是千年大计、国家大事。

雄安新区位于太行山东麓北部、华北平原中部，北距北京108千米、东距天津100千米。雄安新区规划范围涵盖河北省雄县、容城、安新三个县域以及高阳县龙化乡、任丘市苟各庄镇、鄚州镇和七间房乡，共33个乡镇，640个行政村，总面积1799.5平方千米。其中容城县总面积314平方千米，辖8个乡镇，127个行政村；雄县总面积524平方千米，辖9个乡镇，223个行政村；安新县总面积738.6平方千米，辖12个乡镇，207个行政村；龙化乡位于高阳县东北部，面积51.4平方千米，辖16个行政村；苟各庄镇位于任丘市北大门，面积60.3平方千米，辖23个行政村；鄚州镇位于任丘市西北部，面积58.96平方千米，辖30个行政村；七间房乡位于任丘市西北部，面积52.2平方千米，辖14个行政村。

1.2　地理环境

雄安新区地处太行山东麓的冀中平原中部，总体地势平坦开阔，由西南向东北倾斜。属温带大陆性季风气候，四季分明，冬季干燥寒冷，夏季高温多雨。年平均气温12℃，年平均降水量550毫米。雄安新区南部为华北平原现存最大的常年积水湖泊白洋淀，源于太行山区的潴龙河、孝义河、唐河、府河、漕河、瀑河、萍河、拒马河等8条河流，构成扇形水系汇流于此。受河流淤积和侵蚀切割作用的影响，地形整体上呈现冲积平原的特点，但古河床高地和洼地也普遍发育：东部雄县一带主要为冲积扇扇前洼地，局部为微高地；鄚州、安州一线以南至高阳、任丘一带，主要为低平地、碟形洼地和古河床高地；北部容城、白沟一带，主要为相间排列的漕状洼地和古河床高地。雄安新区的环境变化最集中、也最为显著地体现在河湖水系的演变上，河湖水系的变迁使该区域的地貌结构在不同时期呈现不同的特点，从而为不同历史时期人类的活动提供了不同的环境背景，深刻影响着该区域人类生产生活方式，在考古学上体现为文物遗存的丰富多彩和埋藏环境的复杂多变。白洋淀大面积连续水域的出现与北宋何承矩为防御辽军而进行的大规模筑堤与围河密不可分。说明人类活动在受到自然环境影响的同时，也反过来对自然环境的变化产生了深刻影响。

1.3　雄安三县历史沿革

雄安新区主要规划地——雄县、容城、安新三县，曾为北燕之域、燕南赵北之地，很早就在此建城或置县。

雄县，夏朝属有易氏，周庄王三年（前694年）燕桓候徙都临易（今容城县古贤村）。春秋时期为北燕之域，战国时期为燕国易邑地。西汉置易县，属涿郡。后周显德六年（959年）世宗亲征伐辽，收复瓦桥关置雄州，雄州名源于此。明洪武七年（1374年）四月降雄州为雄县，雄县始名于此，并一直沿用至今。

容城县，周庄王三年（前694年）燕桓候徙都临易（今容城县南阳-古贤村一带）。秦代始置县，属上谷郡。汉景帝中元三年（前147年），封匈奴降王徐卢为容城侯，始置容城侯国，容城之名由此发端。唐代曾赐名全忠县。宋辽以拒马河为界，形成南北两个容城。明洪武十四年（1381年），复置容城县，属京师保定府。明代宗景泰二年（1451年），县治由城子村迁往现址。清朝，容城隶属直隶省保定府。

安新县，建置在沿革上较为复杂，各历史时期变化较大。战国初期为燕国辖域，后为燕南赵北地。时有葛城（今安州镇）、浑埿城、三台城。后几经归并，至元九年（1272年）安州、葛城、渥城复治，渥城县更名为新安县，安州继领葛城县。明代葛城县、新安县归入安州，安州降为安县。后复设安州（安县即废）和新安县，安州治新安县，属保定府。民国三年（1914年），安县（安州）与新安各取其名之首字合并为安新县，并沿用至今。

1.4　2017～2018年雄安新区文物调查

为了贯彻落实习近平总书记关于雄安新区建设中"要坚持保护弘扬中华优秀传统文化、延续历史文脉"的重要指示，着眼长远切实做好新区文物保护工作，为雄安新区科学规划和稳步建设提供考古依据，河北省文物局本着既有利于文化遗产保护，又有利于新区基本建设的原则，按照"保护为主，抢救第一　合理利用，加强管理"的文物工作方针，立即广泛动员，安排河北省文物研究所（今河北省文物考古研究院）牵头，协调中国社会科学院考古研究所、中国国家博物馆、故宫博物院、中国文化遗产研究院、国家文物局水下文化遗产保护中心，以及河北省省直文博单位、保定市和雄安三县及其他市县文博力量组成雄安新区联合考古队于2017年6月20日至7月20日和2017年10月20日至12月31日分两个阶段对雄安新区全域33个乡镇、640个行政村，总面积1770平方千米的规划范围进行了拉网式的文物调查，共确认不可移动文物263处，其中调查新发现120处，确认原在册文物143处。另外登记其他记录存档文物点176条，为研究、弘扬雄安历史文化、延续历史文脉，提供了不可多得的历史资料，全面摸清了雄安新区文化遗存家底。在此次调查工作中，以河北省古代建筑保护研究所为主组成的第七调查组承担了雄安新区近现代不可移动文物的调查，共计登录近现代重要史迹和典型建筑60处（图1-1），包括陈调元庄园、陈子正故居、薛家胡同4号民居、魏家胡同23号民居、容城镇蔡氏民居、端村民居、百马三村民居、北冯民居等传统民居8处；抗蓆苇税凉亭、容城县大礼堂、梁庄小学、安新县老百货商店、宗家佐供销社、北边吴商店、东四庄商店、郝庄商店、幸福桥、跃进桥、新盖房枢纽、西槐清真寺等典型建筑12处；烈士墓、烈士塔、烈士陵园、烈士纪念馆（堂、碑）等革命纪念设施25处；雁翎队打包运船遗址、苟各庄伏击战旧址、板家窝战斗遗址、小庄村战斗遗址、大田庄东头庙吕正操杨成武指挥部旧址、米家务冀中十分区旧址、杨庄冀中抗日堡垒村遗址、中青村惨案遗址、端村惨案遗址、日军扒堤放水惨案遗址、佐各庄惨案遗址、西侯留惨案遗址等重要史迹12处；其他还有名人墓即陈子正墓1处、民国碑刻2处。其中，陈调元庄园、陈子正故居为河北省重点文物保护单位，抗蓆苇税凉亭、容城烈士塔、西槐清真寺等15处为县级重点文物保护单位。

第二章

雄安新区近现代传统民居

　　传统民居是近现代不可移动文物的重要组成部分。白洋淀地区普通传统民居均为四合院布局。平顶房一进院居多。也有多进院落的硬山顶和卷棚顶建筑。从功能上讲有正房、厢房、耳房、门楼、影壁、倒座等。从建筑结构方面看均为木构梁架青砖砌筑。屋顶形态有平顶、卷棚顶，部分平顶房前后坡檐，个别前坡檐。卷棚顶均为硬山建筑。墀头和檐脊饰砖雕。部分硬山卷棚顶建筑前出廊。正房和倒座一般面阔三间或五间，厢房面阔两间或三间。耳房面阔一间。房屋进深一间或两间。门窗装修较简洁，院门多为对开撒带门，部分装饰铺首衔环，门槛外有抱鼓石。房门有板门和隔扇门两种。窗分为墙窗和槛窗、横披窗三种，窗格形式多为方格、码三箭或套方步步锦、灯笼锦等。此次调查登录8处民居建筑，保存较好的有陈调元庄园和陈子正故居，现均为河北省重点文物保护单位。

2.1　陈调元庄园

陈调元庄园位于安新县同口镇同口村北。庄园于1904年动工，1922年冬建成，占地面积4370平方米，建筑面积近2620平方米。由三进四合院组成，共建有房屋46间。大门设在东南角。一进院正房五间，东西厢房各三间，倒座南房五间，西南角有小院；二进院正房五间，东西厢房各三间；三进院正房九间，东头二进间由东西隔墙分为里外屋，并带有地下室，东西配房各三间。各院落正房均有台基踏步，硬山卷棚布瓦顶，木结构梁架，带前廊，前檐施柱，墙体地面以下用条石所砌，地面以上青砖磨光对缝。厢房屋顶形式较特殊，平顶，前后起脊砖檐，两山墙向上砌女儿墙，顶端挂瓦。各建筑之间由回廊相通，方格玻璃窗，分内外两层。

陈调元，同口村人，曾任国民党军长、安徽省主席兼督军、山东省主席兼督军、军事参议院院长等职。整个院落做工精细，布局合理，甚为壮观。现为河北省重点文物保护单位，保存较好（图2-1～图2-6）。

图 2-1　陈调元庄园全景

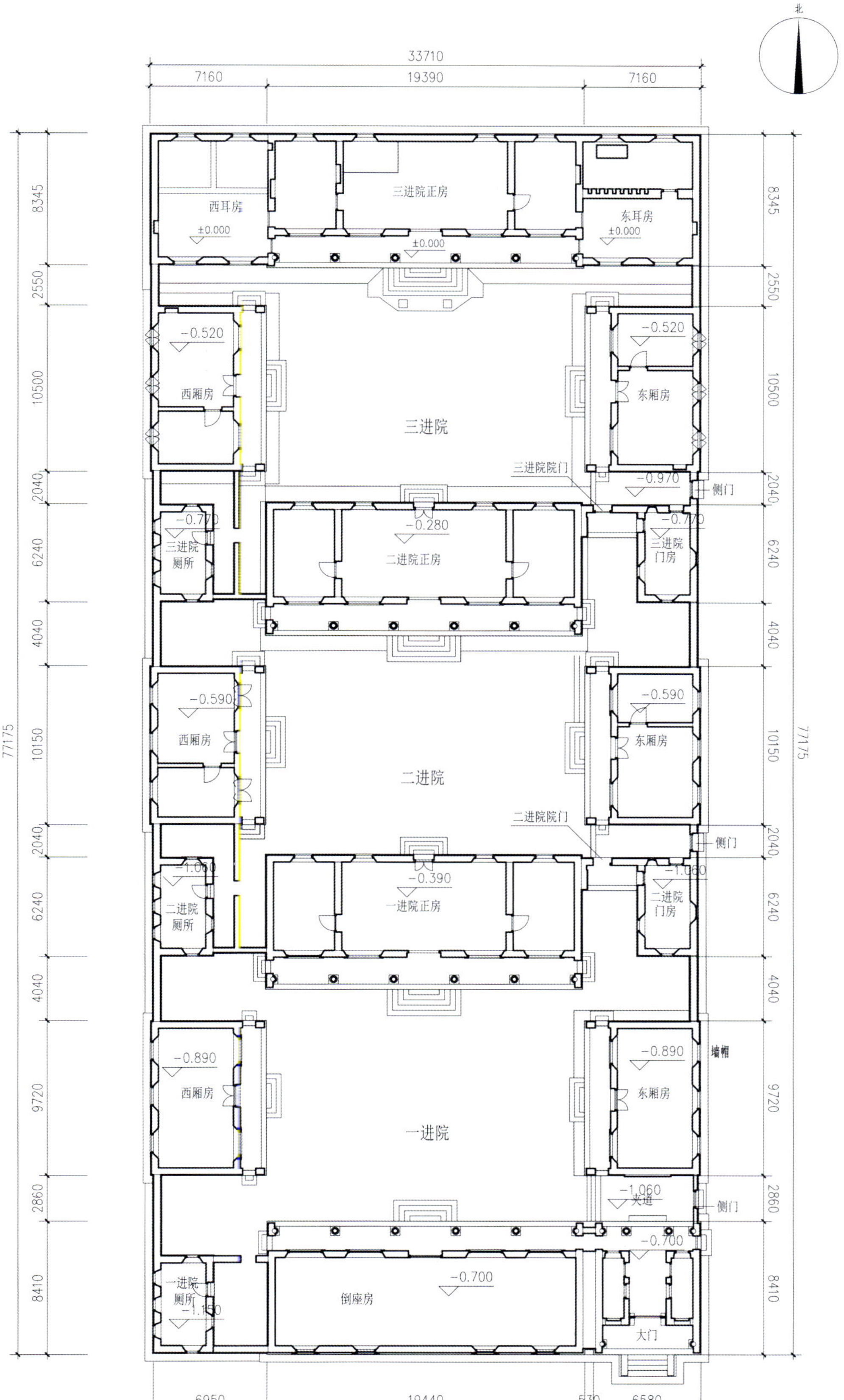

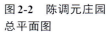

北

33710
7160 19390 7160

西耳房
±0.000
三进院正房
±0.000
东耳房
±0.000

8345
2550

−0.520
西厢房
三进院
−0.520
东厢房

10500

三进院院门
−0.970 侧门
2040

−0.770
三进院厕所
二进院正房
−0.280
−0.770
三进院门房

6240
4040

−0.590
西厢房
二进院
−0.590
东厢房

10150

二进院院门
−1.060 侧门
2040

−1.060
二进院厕所
一进院正房
−0.390
−1.060
二进院门房

6240
4040

−0.890
西厢房
一进院
−0.890
东厢房 墙帽

9720

−1.060 车道 侧门
2860
−0.700

一进院厕所
−1.150
倒座房
−0.700
大门

8410

6950 19440 530 6580
33500

77175
8345 2550 10500 2040 6240 4040 10150 2040 6240 4040 9720 2860 8410

77175

图 2-2 陈调元庄园
总平面图

图2-3　三进院正房

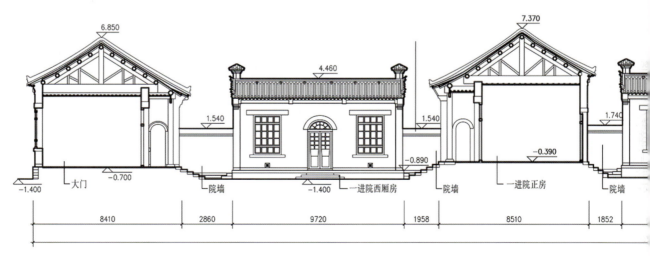

图2-5　陈调元庄园总剖面图

图 2-4　一进院东厢房

二进院西厢房　　二进院正房　　院墙　　三进院西厢房　　院墙　　三进院正房

图 2-6　倒座

2.2　陈子正故居

陈子正故居位于雄县昝岗镇李林庄村，前临十字大街。始建于1905年，为一典型的北方民居院落，现存正院及外跨西、北两院，占地860余平方米。正院为四合院布局，计有正房三间，硬山卷棚顶，东、西配房各两间，平顶，前出檐。北院现存大门一座、东西耳房各一间。西跨院约306平方米，是陈子正当年教徒的练武场，至今他的后人一直在此传授武术。院内存放着陈子正当年用的碌碡、坛子、小缸、石杠铃等文物。

陈子正又名陈纪平，是"鹰爪翻子拳之乡"河北雄县昝岗镇李林庄村人士，为我国近代著名的武术大师，曾赴上海、香港、东南亚传授武术，有"中国拳王"之称。陈子正在此先后居住长达35年，房屋经陈子正的后人多次修缮，房屋保存基本完好。现为河北省重点文物保护单位（图2-7～图2-13）。

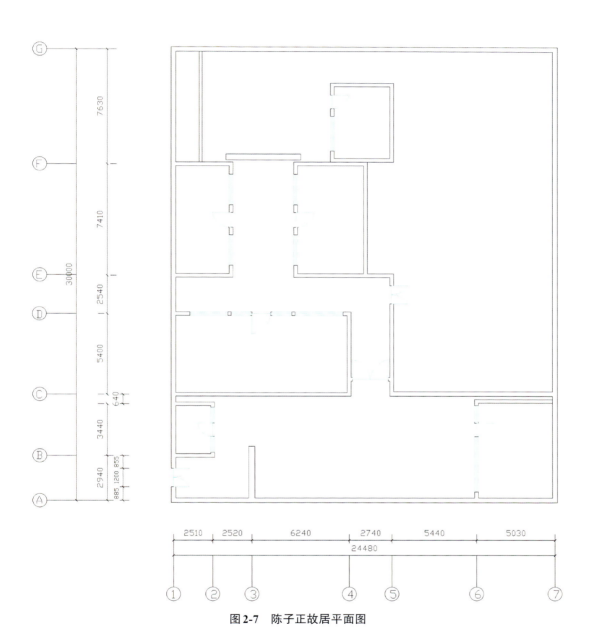

图2-7　陈子正故居平面图

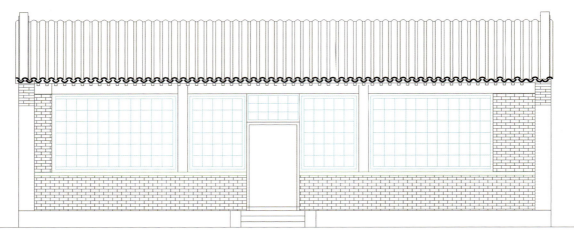

图2-8 陈子正故居正房正立面

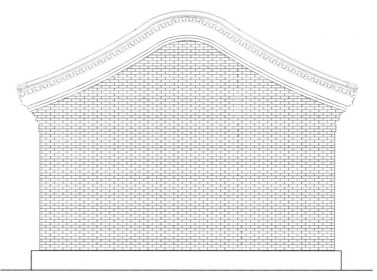

图2-9 陈子正故居正房侧面

图 2-10　陈子正故居鸟瞰图

图 2-11　陈子正故居厢房

图 2-12　陈子正故居正院——正房与厢房

图 2-13　陈子正故居二进门

2.3 薛家胡同4号民居

该民居位于安新县城内薛家胡同4号，现居住人为赵福来。原为两进四合院，有后花园，现仅存一进院，有南房及其东西耳房、过厅及其西耳房、东厢房。西厢房已改建，二进院、北房、后花园均无存。南房为硬山式屋顶，面阔三间，进深两间，三架梁，阴阳合瓦屋面。耳房为硬山式屋顶，阴阳合瓦屋面，面阔一间。东厢房为平顶屋顶，坡檐前大后小，面阔三间，进深两间。过厅为硬山式屋顶，阴阳合瓦屋面，面阔三间，进深两间。西侧有耳房一间。南房和西厢房有人居住，房屋状况较好（图2-14～图2-17）。

图2-14 薛家胡同4号民居北房东山墙与北立面

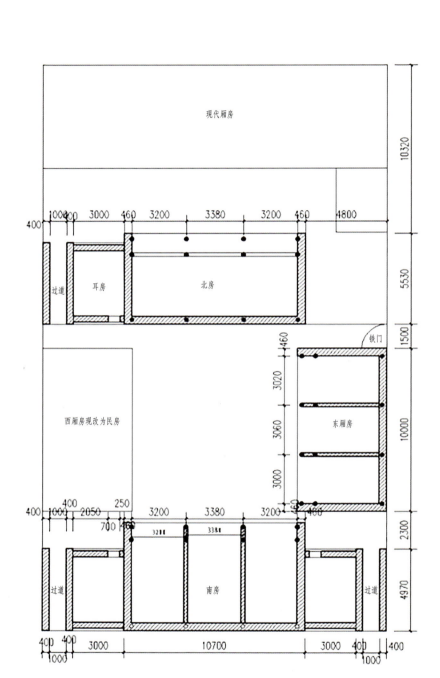

图 2-15　薛家胡同 4 号民居总平图

图 2-16　薛家胡同 4号民居北房及其西耳房外景

图 2-17　薛家胡同 4 号民居北房北立面

2.4　魏家胡同23号民居

　　该民居位于安新县城内魏家胡同23号，现居住人为冯宝山。四合院式民居。现存倒座、东西厢房、正房及东西耳房。倒座房为平顶，面阔五间，进深一间。东、西厢房为平顶屋面，前后小坡檐，面阔三间，进深两间，前出一步廊。正房为硬山卷棚顶，面阔三间，筒瓦屋面。东耳房为硬山卷棚顶，面阔一间，筒瓦屋面。四合院总长36米，总宽约17米。房屋年久失修。大门、东厢房两侧堵头墙刷有红色标语"伟大的无产阶级……""伟大的中国……"（图2-18～图2-22）。

图2-18　薛家胡同与魏家胡同民居分布相对位置图

图 2-19　魏家胡同 23 号大门倒座

图 2-20　魏家胡同 23 号正房远景

图 2-21　魏家胡同 23
号正房装修与结构

图 2-22　魏家胡同 23 号正房近景

2.5　蔡氏民居

　　蔡氏民居位于容城县容城镇东关村东关路，原为三进院，坐北朝南，现后两进院已无存。一进院现存正房，东西厢房，倒座房，其中正房面阔五间，进深一间，前出一步廊。东、西厢房面阔三间，进深两间。皆为平顶，前后檐，阴阳合瓦屋面。年久失修，残损较严重。厢房外墙白灰打底红色标语"坚持社会主义道路，坚持无产阶级专政""解放思想开动脑筋实事求是团结一致向前看""实践是检验真理的唯一标准，在真理面前人人平等""伟大的马克思列宁主义毛泽东……"（图2-23～图2-31）。

图2-23　蔡氏民居大门与倒座

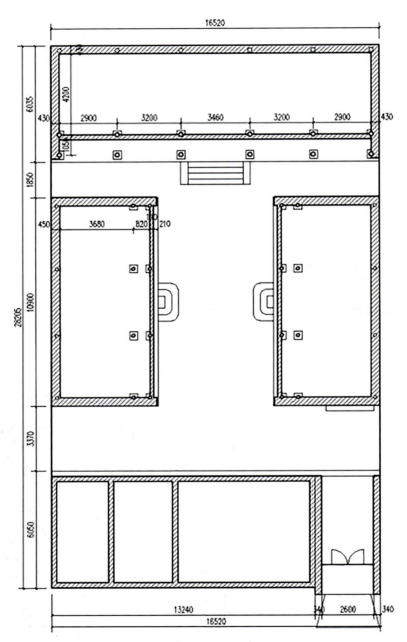

图 2-24　蔡氏民居总平面图

图2-25　蔡氏民居正房

图2-26　蔡氏民居正房山墙

图2-27　蔡氏民居厢房梁架结构

图2-28　蔡氏民居大门口

图 2-29　蔡氏民居东厢房

图 2-30　蔡氏民居西厢房

图 2-31　蔡氏民居院落西侧外景

2.6　端村民居

　　端村民居位于安新县端村镇东街路，院落坐北朝南，由倒座、正房和东、西厢房四座建筑组成。大门位于倒座东侧，布瓦坡顶。东西厢房面阔二间，进深一间，硬山布瓦顶，东厢房南山墙置座山影壁。根据建筑形制并结合调查走访，初步推断为民国时期建筑。倒座及正房为二十世纪九十年代改建（图2-32～图2-37）。

图2-32　端村民居门楼

图2-33 端村民居影壁

图 2-34　端村民居大门

图 2-35　端村民居正房

图 2-36　端村民居东厢房

图 2-37　端村民居倒座与胡同

2.7 西马三村民居

　　西马三村民居位于安新县寨里乡西马三村，民居仅存大门、影壁，坐北朝南，青砖垒砌，硬山坡檐，砖雕墀头，木作雀替，木门上有铺首衔环，木门槛外有抱鼓石一对（图2-38～图2-40）。

图2-38　西马三村民居

图2-39　西马三村民居影壁

图2-40　西马三村民居砖雕

2.8 北冯民居

北冯民居位于安新县刘李庄镇北冯村向阳路7号。现存两幢北屋，为二十世纪七十年代典型民居。面阔三间，进深一间，东西长11.4米，南北长4.95米。墙基防碱层高720毫米。苇席防潮层70毫米。平顶，砖檐，檐脊饰莲花砖雕、忠字瓦当、莲花纹滴水。陡砖长280、宽130、厚60毫米。尚有人居住，保存较好，但部分瓦件年久脱落（图2-41～图2-45）。

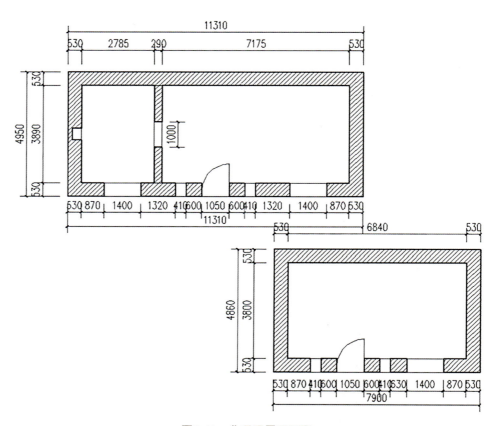

图2-41 北冯民居平面图

图 2-42　北冯民居后排北房

图 2-43　北冯民居砖雕

图 2-44　北冯民居坡檐细部

图 2-45　北冯民居窗细部

第三章

雄安新区近现代典型建筑

　　雄安新区保留了部分二十世纪六七十年代的典型建筑，如容城县大礼堂、梁庄小学、安新县老百货商店、北边吴商店、东四庄商店、郝庄商店、幸福桥、跃进桥、新盖房枢纽等，具有鲜明的时代特点，如五角星装饰、"为人民服务""中国共产党万岁""发展经济""保障供给""战天斗地、改造自然""狠抓革命、猛促生产""鼓足干劲、力争上游""以粮为纲、纲举目张"等标语和"千万不要忘记阶级斗争""认真搞好斗、批、改""备战备荒为人民"等毛主席语录。另外安新县安州镇大东庄村西南有一座六脊六面、攒尖顶的木质结构碑亭，系1925年安州百姓为纪念反抗官府连年水患后大肆增税最终取得胜利而建，是雄安新区另一座很有纪念意义的近现代典型建筑。

3.1 新盖房水利枢纽

新盖房枢纽位于南拒马河与白沟河汇流点以下2千米处的雄县朱各庄乡新盖房村北，为大清河北支控制工程之一，由五孔闸（引河闸）、二孔闸（灌溉闸）、七孔闸（分洪闸）和溢洪堰组成，具有泄洪、灌溉、输砂等综合功能。大清河易闹水患，为解决大清河上游洪水，1951年开挖新盖房分洪道，1970年从新盖房至白洋淀开挖白沟引河，将大清河变成灌溉渠，对分洪道进行复堤加固。在白沟引河首端建五孔闸桥，在大清河首端建两孔闸桥，在分洪道首端建七孔闸和溢洪堰，统称新盖房枢纽。五孔闸（引河闸）桥全长60、宽6、高9米，两侧水泥柱上刻有"千万不要忘记阶级斗争。毛泽东""认真搞好斗、批、改。毛泽东""备战备荒为人民。毛泽东。建于一九七零年"等字样。二孔闸桥（灌溉闸）全长17、宽6、高9米，桥面近年维修。七孔闸，全长80、宽3、高9米，其西侧为溢洪堰。现该枢纽由新盖房闸所管理，仍发挥着巨大的防洪、灌溉作用。保存较好，五孔闸上的标语有所风化，有的字迹模糊。二孔闸桥面近年新修。2015年被公布为雄县重点文物保护单位，2016年县政府采纳水利部门建议予以撤销（图3-1～图3-8）。

图3-1　新盖房闸所

图3-2　两孔闸桥

图3-3　七孔闸近景（东北—西南）

图 3-4　五孔闸桥桥头标语（一）

图 3-5　五孔闸桥桥头标语（二）

图 3-6　五孔闸桥桥头标语（三）

图3-7 五孔闸桥远景（东南—西北）

图3-8 五孔闸桥远景（西南—东北）

3.2　幸福桥

幸福桥位于雄县大营镇付家营村西600米的南北向水渠上，该水渠往南通往分洪道，往北通口头村。桥东西向横跨水渠之上，过桥后往东可通付家营村，东侧有土路可通大营镇。该桥用红砖砌筑，桥面长13、宽3.7米，桥面两侧为高0.8、宽0.5米的栏杆，表面水泥涂抹，两端向南北折出

图3-9　幸福桥"狠抓革命猛促生产"

图3-11　幸福桥远观

长约1.7米。桥为单拱，拱高2.6、跨度8米。桥两侧立面用水泥写有文字，北立面中部为"幸福桥"，两侧为"战天斗地、改造自然"，下面为建桥时间"1974年8月1日"；南立面中部为"幸福桥"，两侧为"狠抓革命、猛促生产"。下面为建桥地点"雄县大营"（图3-9～图3-11）。

图3-10　幸福桥"战天斗地改造自然"

3.3 跃进桥

跃进桥位于雄县大营镇大营村西侧的南北向水渠上，该水渠往南通往分洪道，往北通口头村。桥东西向横跨水渠之上，往西可通往高庄，东侧有土路可通北侧公路然后往东通大营镇。该桥用青砖砌筑，桥面长13、宽3.7米，桥面两侧为高0.8、宽0.5米的栏杆，表面水泥涂抹，两端向南北折出长约1.7米。桥为单拱，拱高2.6、跨度8米。桥两侧立面用水泥写有文字，北立面中部为"跃进桥"，两侧为"鼓足干劲、力争上游"。南立面中部为"跃进桥""以粮为纲、□□□□"，字迹部分脱落（图3-12）。

图3-12 跃进桥北立面标语

3.4 安新县老百货商店

安新县老百货商店位于安新县城小南街东侧，成立于1953年。至1978年，百货公司下辖一商场、二商场、芦庄大布站等，最繁盛时有职工160多人。院落坐东朝西，占地3000多平方米，现存办公楼1座、临街门市2座、仓库2座。大门两侧方形水泥柱上题"发展经济"和"保障供给"。办公楼坐东朝西，沿进深方向布局，东西长19.4米，南北宽11.4米，青砖墙体，机瓦坡顶屋面，正面为阶梯式七花山墙，上部用水泥抹有五角星装饰和"中国共产党万岁"标语，下部中心辟门，两侧开窗。临街门市2座，为平顶建筑，北侧门市上部用水泥抹有"中国百货……安新县公司"等字。院内仓库2座，为坡顶建筑（图3-13～图3-15）。

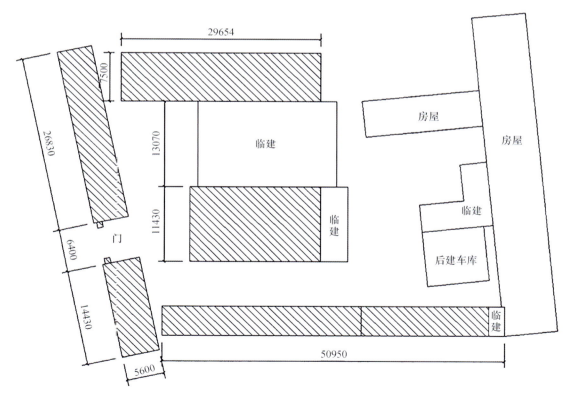

图3-13 安新县老百货商店平面示意图

图3-14　安新县老百货商店大门

图3-15　安新县老百货商店主楼

3.5　东四庄供销社

　　东四庄供销社位于容城县贾光乡东四庄村，建于二十世纪六七十年代，该建筑坐南朝北，面阔五间，进深一间，硬山坡顶建筑。明间门楣两层装饰，上层为五星、麦穗和花朵；下层为"为人民服务"标语。门楣上方两侧筑高擎方柱，顶端塑水泥花朵。东次、梢间上题"发展经济"，西次、梢间上题"保障供给"（图3-16）。

图3-16　东四庄百货商店

3.6 郝庄商店

郝庄商店位于安新县刘李庄镇郝庄村，建于二十世纪六七十年代，该建筑面阔五间，进深一间，硬山坡顶建筑。明间门楣处水泥抹"郝庄商店"四字，两次间分别抹有"发展经济"和"保障供给"标语（图3-17、图3-18）。

图3-17　郝庄商店

图3-18　郝庄商店正门

3.7　宗家佐供销社

宗家佐供销社位于雄县苟各庄镇宗家佐村，二十世纪七十年代建造，面阔八间，红砖卧砌到顶，硬山起脊两面坡屋面，门窗上方砌水泥池子，内抹匾额"宗家佐公社""供销服务社"及标语"面向工农兵""为人民服务""共产党万岁""毛主席万岁""发展经济""保障供给"。檐下设三道铸铁通风管口，饰五角星图案（图3-19～图3-21）。

图3-19　宗家佐商店排风管口

图3-20　宗家佐商店

图3-21　宗家佐商店标语

图3-22　北边吴商店正门

3.8　北边吴商店

北边吴商店位于安新县芦庄乡北边吴村，该建筑为二十世纪七十年代建造，坐北朝南，面阔五间，进深一间。明间大门上砌水泥池子，内抹"北边吴商店"五字。正面外墙门窗两侧上部设排水口8个（图3-22、图3-23）。

图3-23　北边吴商店

3.9 梁庄小学

　　梁庄小学位于安新县刘李庄镇梁庄村。坐北朝南，现存大门和二层教学楼。大门门楣三层装饰，下层水泥抹面上刻双菱形图案；中层用水泥抹"梁庄小学"四字；上层砌圆形，中间用水泥抹五角星图案。门楣上方两侧高擎方柱上抹五角星图案。教学楼面阔四间，进深一间，二层顶部起脊建筑，上部用水泥抹有"高举毛泽东思想伟大红……"字样，腰线位置抹有"社会主义金光大道""学大寨人艰苦奋斗""走大庆路自力更生"等标语（图3-24、图3-25）。

图3-24 梁庄小学教学楼标语

图3-25　梁庄小学门楼

3.10 容城县大礼堂

容城县大礼堂位于容城县城金容中街，容城烈士塔西北。东西长21.3米，南北长34米，硬山起脊，无柱，内部空间宏大。二十世纪七十年代仿造苏联设计修建。木质吊顶，吸音墙面。内设舞台、设备间、更衣间。正立面红色大字书"千秋万代高举毛泽东旗帜前进"标语（图3-26）。

图3-26 容城县大礼堂侧面

3.11　抗蓆苇税凉亭

　　抗蓆苇税凉亭位于安新县安州镇大东庄村西南角，亭高10米，六脊六面，攒尖顶，木质结构，于1985年重修。亭中央有民国时期青石碑一座，碑阳为《安新县重立蓆苇永免设税碑记》，落款题"中华民国十四年岁次乙丑夏□十二月毂旦"。碑阴记抗蓆苇税捐款人村名、捐款人姓名、施洋几何等内容。民国时期安州连年水患，民无靠，而官府却大肆增加税捐，引起公愤，民众奋起强烈反抗，向官府发起免捐、免税的斗争。在强大压力下，官府同意了民众的要求。斗争胜利后，民众纷纷捐款，于1925年建此碑亭为纪念。现为安新县重点文物保护单位，保存完好（图3-27～图3-29）。

图3-27　抗蓆苇税凉亭远观

图3-28　抗席苇税凉亭内部

图3-29　抗席苇税凉亭内石碑

安新县重立蓆苇永免设税碑记

　　书云："慎厥终，惟其始。"又云："思则有备，有备无患。"凡事于□然预之备之，则始基已立，可以圆终矣。吾邑地处极洼，形如釜底，每遭水患。小民所以生活者，惟织蓆，是赖其事极苦，其利极微等，□□□之人，暑雨祁寒之，怨在所不免矣。清初于清端公体恤民，艰于蓆、苇两项，严禁捐税，迄今士民称颂之。至光绪年间，有牟利之徒，呈请开蓆苇捐者，经邑绅王君士彦条陈利害于各上宪，其议乃寝。后先两刊碑记，昭昭然在人耳目，真有成案可稽。民国乙丑夏间，突有委员来安，以补助军饷为名，议设蓆苇捐。闻者群相愁痛，惟恐始基败坏，亟起而力争之，各村长联名具禀于省公署暨财政厅。旋蒙省长李今□财政厅云："据安新县各村村长呈称为蓆苇抽捐有碍民生等语，并附呈禁止蓆苇设牙碑。据此查安新县蓆苇既可证明向无牙纪抽用，自应遵照本署通令，免于增添，况该县遭水患，尤不应遽加担负重累灾民。据呈前情，除批示外，合就令仰该厅立即查明，妥议具复，以□□□禁止蓆苇设牙碑文并发，仍缘此令。复蒙财政厅批示："该县蓆苇既关贫民生计，苇牙蓆行均应取消，以示体恤，由县布告全境，一体周知。如有私牙影射抽用，查明依法惩办，决不姑容。"云云士民闻令之下，不禁……公道自在人心也。后先有同揆，古今如一辙焉。传曰："圣人与众同欲，是以济事。"故重立碑记。期□□□行也……其斯为思□，预防也夫。

清优行廪膳生□□ 国考取

清示告邑人

中华民国十四年岁次乙丑夏　十二月毂旦

3.12　西槐清真寺

西槐清真寺位于雄县雄州镇西槐村西北部，南临东西向大街。此寺最早建于明永乐二年，1986年重修，是该村回族聚集、诵经、祈祷的地方。该清真寺为一四合院，坐北朝南，南北长40、东西宽30米，占地面积约1200平方米，大门上高悬黑底金字的"清真寺"三个汉字，门楼两旁用回文加以装饰。大殿建筑在高大的台基之上，为仿古砖木结构，面阔三间，中部进深三间，两侧进深两间，前部卷棚顶，中部为硬山顶，二者相连形成一殿一卷式勾连搭，中间一间最后一进则是四角攒尖顶，形成屋顶最高点。建筑形制颇为特别。清真寺另有北房六间、东房两间、南房四间，分别是办公、仵库、净身场所。大殿内原有石碑和匾额，年久遗失，现在只有阿訇用回文新写的匾额。西槐清真寺现为雄县重点文物保护单位（图3-30～图3-32）。

图3-30　西槐清真寺

图 3-31　西槐清真寺侧立面

图 3-32　西槐清真寺内景

第四章
雄安新区近现代重要史迹

　　雄安三县人民具有光荣的革命传统。1923年加入共产党的辛璞田受党组织的派遣，到家乡马家寨开展农民运动。1927年夏，共产党员刘亦瑜，受中共保定地委的派遣到淀区北冯村与王家骥等人建立起淀区第一个党支部。抗日战争全面爆发后，这里是冀中抗日根据地重要区域之一和对敌斗争前沿。吕正操、杨成武、甘泗淇、林铁、李志民、王奇才、旷伏兆、刘秉彦、刘光裕、陈鹏、王丙乾、宋志毅、孟庆山、魏洪亮等先后在此指挥着冀中军区、九分区、十分区军民的抗日斗争。吕正操、杨成武等人的指挥部就曾设在安新县圈头乡大田庄东头庙，冀中军区十分区驻地在雄县米家务村，冀中十地委曾驻雄县米家务镇杨庄村，并将杨庄村打造成了冀中地区有名的抗日堡垒村。

　　在中国共产党的领导下，当年安新、容城、雄县一带的抗日军民，不畏环境恶劣，坚定必胜信念，在无险可守的平原地区，在苇丛茂密的白洋淀上，创造性地运用破袭战、地道战、地雷战、麻雀战等，与日本侵略者进行了艰苦卓绝的战斗，做出了巨大牺牲，书写了可歌可泣的战争传奇，为中国人民抗日战争和世界反法西斯战争的胜利作出了重要贡献。

　　1939年2月，新城县白沟地区侵华日军300余人、伪军500余人向板家窝村进犯。驻扎板家窝村的八路军一二〇师独立3支队100余人在余秋里的率领下与敌人发生激烈交火，击毙日军78人，击伤敌人100余人，缴获一批武器，给大清河北人民送上一份丰厚"见面礼"，极大地鼓舞了抗日军民的战斗士气，增强了冀中人民坚持平原游击战争的信心。

1939年12月下旬，日伪军纠集6000余兵力对新城、霸县、雄县、固安、安次区进行了猖狂的冬季大"扫荡"。12月26日夜驻扎在梁神堂、张神堂和佐各庄一带的冀中五分区二十七团突遭来自白沟、新城、泗庄、雄县千余名日伪军的包围。由团长杨秀、政委杨子华指挥部队殊死战斗并重创敌军。29日凌晨，在神堂战斗中遭到惨重失败的日伪军像疯狗一样闯进佐各庄村，对无辜群众进行灭绝人性的屠杀。杀害无辜群众48人，烧毁房屋180余间。这就是日军制造的令世人震惊的佐各庄惨案。同日，日军"扫荡"了孤庄头村，杀害群众15人，烧民房270余间。

1939年，日军占领了安新县城。中国共产党积极领导人民抗日，派县长魏明去端村开展工作。农历二月十五日，日军100多人从新安坐汽船来到端村，把3000多老百姓逼进奶奶庙，逼群众交出八路军，交出县长魏明，组织维持会，未得到村民回应。日军恼羞成怒，狠下毒手，73名群众惨遭杀害，4000多间房屋被大火烧毁。端村惨案遗址是日本侵略者在冀中地区残杀无辜百姓的历史铁证。

1939年7月17、19、25日，驻安新县城的日军南本部队三次扒开位于任丘七里庄村西北两华里处的千里堤，使白洋淀水汹涌泻出淀外，淹没田地，吞噬村庄，造成任丘、文安、大成、静海、青县、天津6县市一片汪洋，175万百姓流离失所。日军破堤时，对护堤群众进行毒打、扫射，致3人死亡，致伤、致残50多人。至今日军破堤放水处人们仍称为"大口子"。

1939年秋，白洋淀人民在中共安新县委领导下，组建水上抗日武装——雁翎队。他们利用淀区芦荡遍布、沟河交错的有利地形，开展机动灵活的游击战，以弱胜强，痛击日本侵略军，显示出燕赵儿女的聪慧勇敢。整个抗战期间雁翎队进行了大小战斗70余次，击毙日军25名、俘虏30名，毙伤伪军200余名、俘虏500余名。白洋淀及周边成为当时冀中地区最重要的敌后抗日根据地之一。1943年农历八月十三，反攻前夕，雁翎队在安新镇王家寨村东水面（当地叫横垴）打了个漂亮的伏击战，成功截击日军运载武器和军需物资的100多条包运船，全歼敌人，缴获轻重机枪、步枪100多支，还有大批的军需物品。这一地区成为雁翎队最重要的战斗遗址。

1943年春，日军为"围剿"在中青村一带活动的第五区小队，驻安州、同口、高阳的日伪军包围了中青村。游击组在中青村臧东立家房后地道口射杀日本兵小队长，日军疯狂报复。烧民房百余户，虏村内妇女8人，儿童1人，男性老者1人。1名妇女在中青村西被杀害，其余9人押至保驾佐村东街口杀害。

1944年春节期间，驻鄚州日军中队长小久保带着讨伐队100多人到苟各庄"扫荡"，游击队第五区小队和四十二区队三连在苟各庄村东北角处设伏。经过激烈战斗，将日军小队长小久保打死，消灭了日伪四五十人，缴获重机枪一挺，王八盒子、战刀各一把，俘虏30余名伪军。苟各庄战斗是冀中抗日军民取得的又一次重大胜利。

解放战争时期处于北平（今北京）、天津、保定三个大中城市之间的雄安一带为冀中十分区辖区，是晋察冀解放区，特别是冀中解放区的前哨阵地。当时北平是国民党政府在华北的军事、政治中心，天津是北方重要港口，保定是河北省会。因此，这一地区对敌我双方都具有十分重要的战略地位，这也决定了这里敌我斗争的尖锐、复杂和激烈。

1948年9月29日，国民党保安第一旅到大庄、小庄一带"清剿"抢粮，冀中十分区派部队进入板家窝（离大庄、小庄只有三四里）伏击敌人。晋察冀军区七纵二十旅二十一旅隐蔽于大清河南待机。10月3日凌晨，新固独立营和分区七十五团先后开进板家窝作诱饵，引国民党保安第一旅来攻，晋察冀军区参战部队迅即将其包围。激战到下午5时许，战斗胜利结束。此役共毙伤敌人502名，俘1679名，缴获六〇炮13门、迫击炮3门、掷弹筒9个、重机枪9挺、轻机枪58挺、步马枪1282支、冲锋枪18支、手枪28支、炮弹161发、子弹100万发及其他大量物资。小庄歼灭战是解放战争时期冀中地区的一次重要战斗，具有重要历史意义。

勇敢顽强的雄安三县人民为解放战争的胜利做出了重要贡献，也付出了巨大牺牲。1947年8月，国民党雄县政府从新城县迁至雄县，在西侯留设容纳上千人的监狱。他们大肆抓捕中共党员、基层干部和干部家属，举办"匪干训练班"。敌人用枪杀、刀挑、活埋、开膛挖心、碎尸等残暴手段，杀害革命干部、斗争骨干、共产党员及无辜群众308人，制造了骇人听闻的西侯留"万人坑"惨案。

4.1　大田庄东头庙杨成武、吕正操等抗日指挥部旧址

大田庄东头庙位于安新县圈头乡大田庄村，始建于明代，是安新县重点文物保护单位。正房面阔三间，进深二间。坐北朝南，布瓦顶，硬山建筑。脊檩枋下题"大清宣统二年岁次庚戌桃月经事人村正候选训□□世铨同阖村人重修"。庙前立石碑一座。碑阳题"新安县大田庄阖村绅耆整理村坊碑记""顺天府万平县辛亥科副榜壬子科举人现任国子监学政加同知衔杨挤撰文""保定府安新县庠生梁象书丹"。碑阳首题"永垂不朽"。碑阴题"钦加运同衔安州正堂唐大老爷示将董事姓名及整村碑文呈明立案以昭遵守""同治四年后五月十六日"。碑阴首题"世守勿替"。抗日战争时期，这里是雁翎队主要活动地，也是抗日团体集合以及开展各项抗日活动的场所，杨成武、吕正操、甘泗淇、林铁、李志民、王奇才、旷伏兆、刘秉彦、刘光裕、陈鹏、王丙乾、宋志毅、孟庆山、魏洪亮等人都先后在古庙指挥着冀中军区、九分区、十分区军民的抗日斗争。1939年6月，冀中军区反扫荡和改编河北游击军会议在庙内召开，冀中军区司令员吕正操、政委程子华、副司令员孟庆山参加了会议（图4-1～图4-5）。

图4-1　大田庄东头庙远景

图 4-2　大田庄东头
庙庙门

图 4-3　大田庄东头庙正殿

雄安新区近现代不可移动文物调查研究报告

图4-4　大田庄东头庙内石碑阳面

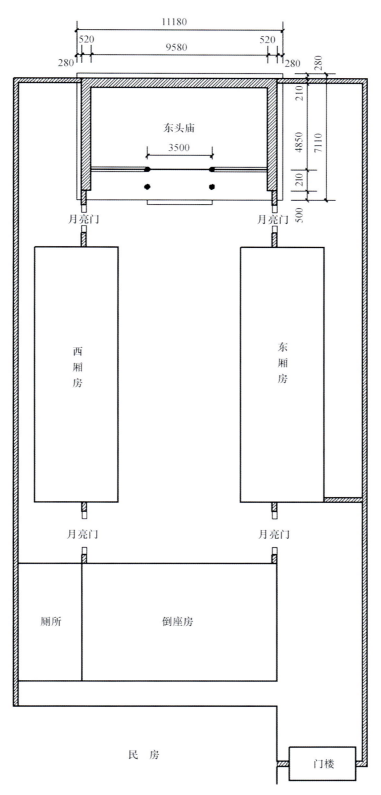

图4-5 大田庄东头庙平面图

4.2　冀中军区十分区驻地旧址

冀中军区十分区驻地旧址位于雄县米家务镇米家务村，在雄县城东北约15千米。1938年10月，晋察冀边区正式划定该地区为冀中军区第五分区。1939年初，该区党政军机关进驻雄县米家务一带，开辟抗日根据地，领导全区人民的抗日斗争。1940年8月1日，冀中五分区改称十分区，五地委改称十地委，五专署的编号也作相应改变。1941年6月10日，日军2万余兵力对十分区进行了"铁壁合围""梳篦拉网""细碎分割""驻屯清剿"，使党组织和抗日武装受到严重损失，根据地暂时变为敌占区。1942年冀中五一反"扫荡"后，冀中抗日形势更加残酷。1943年，十分区领导全区人民开展了地道斗争，改造了藏身洞和简易地道，建造了能藏身、能战斗、能转移的地道，人们称之为"地下长城"，并在米家务一带建立了

图4-6　冀中军区十分区锄奸科旧址

房上通、地上通、地下通的三通"堡垒村"，使米家务一带成为十分区领导机关隐蔽活动的根据地，并逐步将十分区由敌占区变为游击区，又由游击区发展为巩固的抗日根据地。据调查，当年冀中十分区司令员刘秉彦、政委旷伏兆领导的司令部驻在米家务米北庄文宝元家，由肖国华、滑书田负责的机要股住在田肖氏家，由阎均负责的锄奸科住在王桂婷的娘家（图4-6、图4-7）。

图4-7　冀中军区十分区司令部旧址

4.3　冀中抗日堡垒村杨庄旧址

冀中抗日堡垒村杨庄旧址位于雄县米家务镇杨庄村，原冀中十地委机关所在地。1941年9月下旬，十地委坚持隐蔽政策，积极恢复地区工作，在日军实行烧光、杀光、抢光"三光"政策，频繁进行大"扫荡"的严峻形势下，地委副书记杨英冒着生命危险，带领地委机关的几名干部深入到距敌岗楼不到半里路的杨庄坚持斗争，领导十分区人民灵活打击日本侵略者。杨庄村党小组、民兵和全村百姓，对地委干部的到来十分欢迎。为了武装保卫政权，保护地委领导的人身安全，首先把他们安置在村里最可靠、最隐蔽的杨开成堡垒户家，并组织精干民兵暗地站岗放哨，选派专人与他们联系，请示村里的抗战工作，传递上级指示和敌情消息，他们的口号是"宁可我牺牲，不能暴露地委干部目标"。同时，在生活上给予热情的照顾。在日军大批多股拉网"扫荡"的艰苦环境下，地委干部领导村党支部、民兵和村民，昼夜奋战，利用很短的时间，在全村挖通了网络式的"三通"地道工事，并在村头、街口、坟地等隐蔽处修筑了能防、能守、能攻、能退的地道出口。地委与杨庄村民在4个年头里，心心相映、鱼水情深、血肉相连、生死与共，粉碎了日伪军的多次"扫荡"，取得了抗日战争的最后胜利（图4-8）。

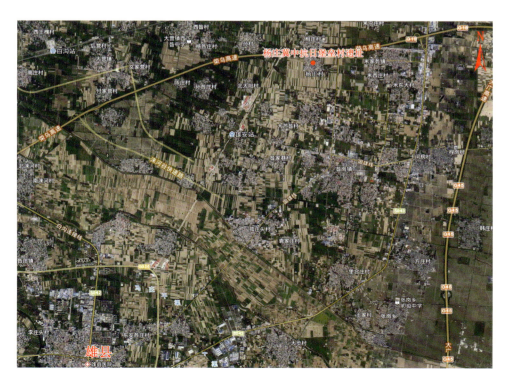

图4-8　杨庄冀中抗日堡垒村遗址地理位置示意图

4.4 板家窝战斗遗址

位于板家窝战斗遗址位于雄县米家务镇板家窝村。1939年2月，新城县白沟地区的侵华日军300余人、伪军500余人向板家窝村进发。驻扎板家窝村的八路军一二〇师独立3支队100余人在余秋里的指挥下隐蔽待命。敌人到村中桥头时，3支队伏兵利用桥头做掩体，猛烈射击，与敌展开拉锯战。至天黑，八路军主动撤离。此次战斗击毙日军78人，击伤日伪军100余人，缴获机枪6挺、迫击炮一门，长短枪65支，子弹数千发。这是八路军在冀中十分区的第一次大胜仗，极大的鼓舞了我军民的战斗士气。增强了十分区人民的坚持平原游击战争的信心，也狠狠打击了日军的嚣张气焰（图4-9）。

图4-9 板家窝战斗遗址地理位置示意图

4.5 佐各庄惨案遗址

佐各庄惨案遗址位于雄县昝岗镇佐各庄村。1939年12月下旬，日伪军纠集六千余兵力对新城、霸县、雄县、固安、安次区猖狂地发动了冬季大"扫荡"。12月26日夜，驻扎在梁神堂、张神堂和佐各庄一带的五分区二十七团突遭来自白沟、新城、泗庄、雄县千余名日伪军的包围。由团长杨秀、政委杨子华指挥部队与敌进行殊死战斗并重创敌军。29日凌晨，在神堂战斗中遭到惨重失败的日伪军像疯狗一样闯进佐各庄村，对无辜群众进行灭绝人性的屠杀，杀害我无辜群众48人，烧毁房屋180余间。这就是日军制造的佐各庄惨案遗址（图4-10）。同日，日军"扫荡"了孤庄头村，杀害群众15人，烧民房270余间。

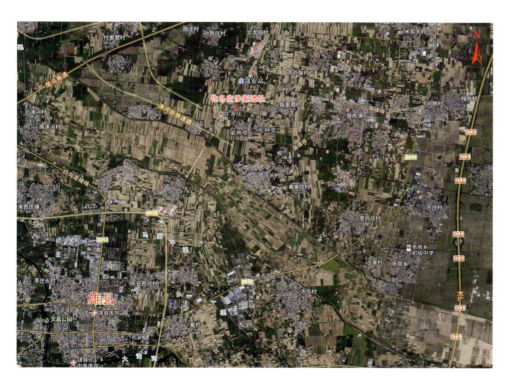

图4-10　佐各庄惨案遗址地理位置示意图

4.6　端村惨案遗址

　　端村惨案遗址位于安新县端村镇东堤村东街路189号路西侧，是安新县重点文物保护单位，现为端村小学和居民区。1939年，日军占领了安新县城。中国共产党积极领导人民抗日，派县长魏明去端村开展工作。农历二月十五，日军100多人从新安做汽船来到端村，把3000多老百姓逼进奶奶庙，逼群众交出八路军，交出县长魏明，组织维持会，未得到村民回应。日军恼羞成怒，狠下毒手，放火烧房子，用机枪向手无寸铁的群众扫射。愤怒的村民推倒围墙，大部分得以逃脱。这次惨案有73名群众惨遭杀害，4000多间房屋被大火烧毁（图4-11～图4-13）。

图4-11　端村惨案旧址地理位置示意图

图 4-12　端村惨案遗址（一）

图 4-13　端村惨案遗址（二）

4.7 日军扒堤放水惨案遗址

日军扒堤放水惨案遗址位于雄县鄚州镇七里庄村西北。1939年7月17、19、25日，驻安新县城的日军南本部队三次扒开位于任丘七里庄村西北1千米处的千里堤，使白洋淀水汹涌泻出淀外，淹没田地，吞噬村庄，造成任丘、文安、大成、静海、青县、天津六县市一片汪洋，175万百姓流离失所。日军破堤时，对护堤群众进行毒打、扫射，致3人死亡，致伤、致残50多人。至今破堤放水处仍被称为"大口子"（图4-14、图4-15）。

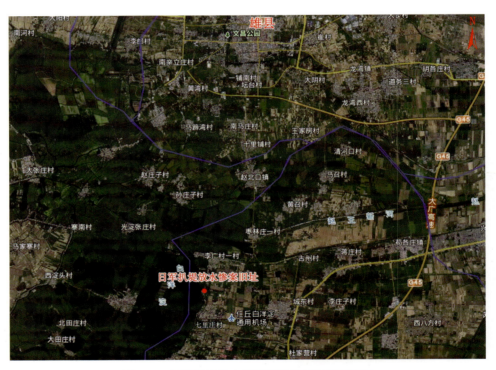

图4-14　日军扒堤放水惨案遗址地理位置示意图

图 4-15　日军扒堤放水惨案遗址

4.8　雁翎队打包运船遗址

　　雁翎队打包运船遗址位于安新县安新镇王家寨村以东水面（当地叫横埝），现为安新县重点文物保护单位。1939年秋，白洋淀人民在中共安新县委领导下，组建水上抗日武装——雁翎队。他们利用淀区芦荡遍布、沟河交错的有利地形，开展机动灵活的游击战，以弱胜强，痛击日本侵略军，显示出燕赵儿女的聪慧勇敢。白洋淀及周边成为当时冀中地区最重要的敌后抗日根据地之一。1943年，日军"扫荡"太行山区。为保证物资供应，9月，日军100多只货船从天津装上军火物资，由100多名日伪军护航送往保定。雁翎队为配合正规军作战，决定伏击日军包运船，切断敌人这条水上运输线。农历八月十三，伏击战在安新镇王家寨村以东水面（当地叫横埝）打响，雁翎队大获全胜，全歼敌人并活捉日军头目初十加三郎和伪军河防大队长秦凤祥，缴获轻重机枪、步枪一百多支，还有大批的军需物品（图4-16、图4-17）。

图4-16　雁翎队打包运船遗址地理位置示意图

图 4-17 雁翎队打包运船遗址

4.9　中青村惨案遗址

遗址位于安新县同口镇中青村及保驾佐村东街口。新发现文物点。1943年春，敌人为"围剿"在中青村一带活动的五区小队，驻安州、同口、高阳的日伪军包围了中青村。游击组在中青村臧东立家房后西北角地道口射杀日本兵小队长，日军疯狂报复。烧民房百余户，虏村内妇女8人，儿童1人，男性老者1人。其中一名妇女在中青村西被杀害，其余9人押至保驾佐村东街口杀害（图4-18）。

图4-18　中青村惨案遗址

4.10　苟各庄伏击战遗址

苟各庄伏击战遗址位于雄县苟各庄镇四街村与三街村交界处，1944年春节期间，驻鄚州日军中队长小久保带着讨伐队100多人到苟各庄"扫荡"，游击队第五小队和四十二区队三连在苟各庄村东北角处设伏。经过激烈战斗，将日寇小队长小久保打死，消灭了日伪四五十人，缴获重机枪一挺，王八盒子、战刀各一把，捉获30余名伪军，取得了重大胜利（图4-19）。

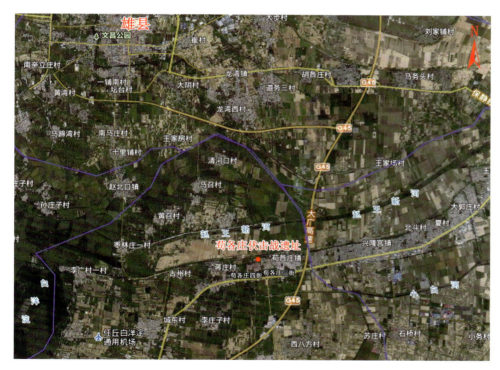

图4-19　苟各庄伏击战遗址地理位置示意图

4.11 雄县小庄歼灭战遗址

雄县小庄歼灭战遗址位于雄县北沙乡小庄村。1948年9月29日，国民党保安第一旅到大庄、小庄一带"清剿"抢粮，冀中十分区派部队进入板家窝（离大庄、小庄只有三四里），伏击敌人。晋察冀军区七纵二十旅二十一旅隐蔽于大清河南待机。10月3日凌晨，新固独立营和分区七十五团先后开进板家窝作诱饵，引国民党保安第一旅来攻，晋察冀军区参战部队迅即将其包围。激战到下午5时许，战斗胜利结束。此役共毙伤敌人502名，俘1679名，缴获六〇炮13门、迫击炮3门、掷弹筒9个、重机枪9挺、轻机枪58挺、步马枪1282支、冲锋枪18支、手枪28支、炮弹161发、子弹100万发及其他大量物资（图4-20）。

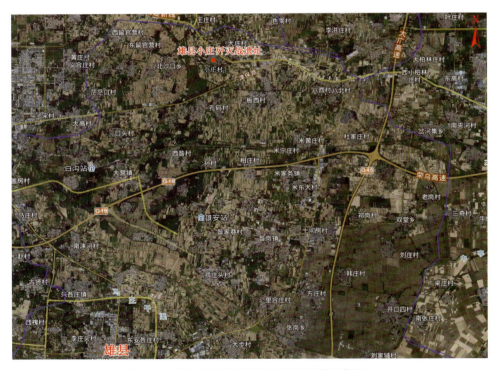

图4-20　雄县小庄歼灭战遗址地理位置示意图

4.12　西侯留惨案遗址

西侯留惨案遗址位于雄县雄州镇西侯留村。1947年8月，国民党雄县政府从新城县迁至西侯留，设容纳上千人的监狱。他们大肆抓捕中共党员、基层干部和干部家属，举办"匪干训练班"。敌人用枪杀、刀挑、活埋、开膛挖心、碎尸等残暴手段，杀害革命干部、斗争骨干、共产党员及无辜群众308人，制造了骇人听闻的"万人坑"惨案（图4-21）。

图4-21　西侯留惨案遗址地理位置示意图

第五章
雄安新区近现代革命纪念设施*

　　在抗日战争、解放战争中，雄安三县人民在中国共产党领导下，与日本侵略者和国民党反动派进行了艰苦卓绝的英勇斗争，为民族独立和人民解放做出了重要贡献、也付出了巨大牺牲，无数英雄儿女献出了宝贵生命。为纪念在抗日战争、解放战争中牺牲的烈士，雄安三县先后建立了几十处烈士墓地、陵园、烈士祠、纪念碑、烈士塔、纪念馆等革命纪念设施，较重要的有22处。

　　容城县革命烈士纪念馆修建于1986年，是为纪念抗日战争时期狼牙山五壮士中容城籍烈士胡德林、胡福才和高家壕战斗中牺牲的八路军将士及自1926年容城县建立党组织以来，在历次战斗中牺牲的革命烈士们而建。

　　白洋淀雁翎队纪念馆位于河北省安新县白洋淀景区文化苑。1990年7月建馆，馆藏300多幅珍贵照片、200多件宝贵实物和一批重要文献资料，是抗日战争时期白洋淀地区军民团结浴血奋战的见证。设"全面抗战的爆发与冀中抗日根据地建立""侵华日军在白洋淀的暴行""雁翎队与水上游击战""喜迎抗日战争的胜利""继承革命传统，弘扬雁翎精神"等主题展览。

　　雄县烈士陵园建于1974年，纪念堂载有1385名烈士的英名录并陈列部分烈士遗像，正殿两侧分别设有烈士纪念碑9块。

　　米家务烈士陵园位于雄县米家务村。米家务一带在抗日战争时期是平、

＊　本章资料来源自各纪念设施处纪念碑碑文。

津、保抗日根据地三角中心地区，还是原晋察冀边区冀中十分区司令部和十地委、十专署所在地。为纪念在抗日战争及解放战争中冀中一带牺牲的革命先辈，1984年兴建了米家务烈士陵园。

北后台烈士陵园位于河北省容城县贾光乡北后台村西南，为纪念1940年12月冀中十分区笫三十二团北后台战斗中牺牲的200多名革命烈士而建，纪念碑刻有"北后台战斗三十二团无名英雄烈士碑记"。

南冯烈士陵园位于安新县刘李庄镇南冯村，为纪念刘李庄镇在抗日战争、解放战争和抗美援朝战争中牺牲的263名优秀儿女而建，塔后立有65块烈士碑。程岗烈士陵园位于雄县昝岗镇程岗村，为纪念昝岗战役牺牲的烈士而建，纪念碑刻有昝岗战役纪实。梁神堂烈士陵园位于雄县昝岗镇梁神堂村北，陵园内有大理石碑亭一座，内置石碑一通，阴面刻"梁神堂战斗纪实"。

安州烈士塔位于河北省安新县安州镇小学院内，为纪念安新县在抗日战争和解放战争中牺牲的1600余名烈士修建。容城烈士塔塔基四角四通石碑刻有刘济公、张俊峰、杨瑞森、文光斗、李书亭、宋玉科、任凤岁烈士事迹。

佐各庄烈士墓位于雄县昝岗镇佐各庄村。1939年冬，冀中二十七团一部在佐各庄与日军激战，部分战士英勇牺牲，后村民自发捐建了佐各庄烈士墓，1999年竖立烈士纪念碑。西龙化烈士碑位于安新县龙化乡西龙化村西，刻有西龙化村抗日英雄谱，包括"曹宝民　冀中军区组织部部长""曹增祥（曹长）　冀中军区电台台长""曹崇斌　任丘七区政委"等13位烈士姓名。

赵北口烈士祠位于安新县赵北口镇赵北口村，立有赵北口村死难烈士纪念碑，刻有烈士名单。南庄子烈士纪念碑位于雄县张岗乡南庄子村，系南庄子全体村民于1991年6月1日为纪念南庄子村抗日战争期间为国捐躯的15位烈士而立。圈头烈士祠位于安新县圈头乡东街村与西街村交界处，内有安新县人民政府2013年3月所立烈士墓碑15块。

"战斗英雄"贾老巴烈士祠位于安新县端村镇关城村北路东。他参军11个月立3次战功，战友们称他"孤胆小英雄"。西良淀烈士碑位于安新县龙化乡西良淀村西南，为少年英雄王花、胡廷俊烈士之墓。辛璞田烈士祠位于安新县端村镇马家寨村村西。辛璞田早年积极投身进步学生爱国运动，加入党组织后，组织天津海员和纱厂工人运动以及口北十县、冀中农民运动。1996年3月，中共安新县委、县政府为辛璞田烈士重修烈士祠。安新县老河头镇李家村、芦庄乡牛角村北还分别建有李致光烈士祠、张老棉烈士墓。

5.1　容城县革命烈士纪念馆

　　革命烈士纪念馆位于容城县城关镇上坡村村西，修建于1986年，是为纪念抗日战争时期狼牙山五壮士中容城籍烈士胡德林、胡福才和高家壕战斗中牺牲的八路军将士及自1926年容城县建立中国共产党党组织以来，在历次战斗中牺牲的革命烈士们而建。纪念馆南侧为梯形，北侧为三角形，南北最长66米，东西最宽52米，面积2560平方米。内有展厅两座，为面阔三间卷棚顶建筑；碑亭三座，六角攒尖形，保存完好。1987年8月，该纪念馆被列为容城县重点文物保护单位。保护范围以馆内国旗旗杆为基点，向南17.7米至围墙，向北42米至围墙，向东24.7米至大门，向西28米至围墙（图5-1、图5-2）。

图5-1　容城县革命烈士纪念馆陈列室

图5-2　容城县
革命烈士碑亭

5.2 白洋淀雁翎队纪念馆

白洋淀雁翎队纪念馆位于安新县白洋淀景区文化苑。1990年7月建馆，原址在县文化局机关大楼，杨成武、吕正操为纪念馆题词。2004年纪念馆迁至白洋淀文化苑内，占地面积为1666平方米，馆藏300多幅珍贵照片、200多件宝贵实物和一批重要文献资料，是抗日战争时期白洋淀地区军民团结浴血奋战的见证。雁翎队纪念馆设有多个展厅，分设"全面抗战的爆发与冀中抗日根据地建立""侵华日军在白洋淀的暴行""雁翎队与水上游击战""喜迎抗日战争的胜利""继承革命传统，弘扬雁翎精神"等主题展览。陈列内容包括朱德、聂荣臻1947年6月乘船视察白洋淀、指挥保北战役和杨成武、孟庆山、吕正操等在白洋淀视察、指挥战斗的事迹以及雁翎队战斗事迹，并陈列有作家、艺术家、新闻工作者以白洋淀为素材创作的文艺作品，2009年被命名为省级爱国主义教育基地，2020年9月1日入选第三批国家级抗战纪念设施遗址名录（图5-3）。

图5-3 白洋淀雁翎队纪念馆

5.3 容城烈士塔

容城烈士塔位于容城县容城镇金容大街金容小区南。前后两进院，一进院现种植庄稼和树。二进院门口两头狮子据传为明清时由保定府移至容城县衙门口。建国后在埋在县委大院门口，后迁移至此，初步断定为明代石狮。烈士塔为青砖砌筑，外为水泥砂浆，正面题"革命烈士永垂不朽"，背面题"重修革命烈士纪念碑说明"。台基四角为四通石碑刻有刘济公、张俊峰、杨瑞森、文光斗、李书亭、宋玉科、任凤岁烈士事迹。烈士碑有不同程度的酥碱，碑上刻字有些已经模糊不清。现为容城县重点文物保护单位（图5-4～图5-8）。

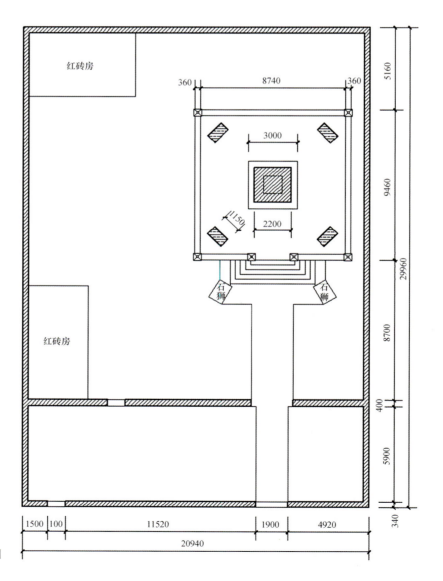

图5-4 容城烈士塔平面图

图5-5　容城烈士塔

图 5-6　容城烈士塔石碑
（西南—东北）

图 5-7　容城烈士塔石碑
（东南—西北）

图 5-8　容城烈士塔北侧石狮
（西—东）

5.4　北后台烈士陵园

北后台烈士陵园位于容城县城北贾光乡北后台村西南300米处。1940年12月21日，冀中十分区第三十二团从平汉路西返回路东，在大佟村、北后台一带宿营。团警卫连、后勤驮子以及随行的平汉视察团共600余人，在北后台村遭日伪3000兵力的九路合击。因敌我力量悬殊，团参谋长决定亲率一个排向东南方向突围，除少数战士牺牲外，大部分冲了出去。但后续部队，特别是团后勤驮子在突围中，被敌人的炮火又压回了村子，改向西突围，遭敌人炮火猛烈阻击，400多人被围困在200多米长的交通沟中。最后除冀热察区党委书记马辉之等156人突出重围外，其余壮烈牺牲。为纪念抗战烈士，抗日军民于1946年4月建起一座纪念碑，但不久遭国民党赵玉昆部破坏。1947年，县政府又建一简易碑楼。1974年10月，容城县委、县政府投资1.2万元，建成了庄严肃穆的烈士陵园，占地面积3000平方米，四面筑有红砖围墙。陵园内葬有497名烈士，建有131座无名烈士碑。纪念塔建在墓地南端，坐北朝南，下面筑有1米高、85平方米的平台，塔底为拱门形，拱门内有一座纪念碑，刻有"北后台战斗三十二团无名英雄烈士碑记"和"重修北后台烈士碑说明"。1982年7月23日，被容城县人民政府公布为重点文物保护单位。保护范围以纪念碑为基点，北80米至围墙，向东80米至围墙，向西11.5米至围墙（图5-9～图5-13）。

图5-9　北后台烈士陵园全景（西南—东北）

图 5-10　北后台烈士陵园烈士塔（东南—西北）

图 5-11　北后台烈士
陵园雕像（南—北）

图 5-12　北后台烈士陵园无名烈士碑（南—北）

图 5-13　北后台烈士陵园影壁（南—北）

5.5 雄县烈士陵园

　　雄县烈士陵园坐落在雄县大清河畔，原在县城南关街南段路东修建有"雄县烈士祠"，其正殿坐东朝西，内有烈士英名碑6座，刻有324位烈士英名，祠内建六角碑亭，亭内碑碣正面镌刻着"死难烈士永垂不朽"8个字。1974年，雄县革命委员会决定，将烈士祠迁至城西大清河畔，改称雄县烈士陵园。陵园内建纪念堂一座，堂内陈列部分烈士遗像，载有1385名烈士的英名录，正殿两侧分别设有烈士碑和烈士纪念碑9块。陵园中央建水泥结构纪念碑一座，高11、宽1.85米，正面书"革命烈士永垂不朽"8个大字。该陵园为雄县重点文物保护单位，于2004年10月成为保定市青少年体验教育基地（图5-14～图5-16）。

图5-14　雄县烈士陵园（南—北）

图 5-15　雄县烈士陵园

图 5-16　雄县烈士陵园烈士纪念堂

5.6　南冯烈士陵园

南冯烈士陵园位于安新县刘李庄镇南冯村。陵园坐南朝北，东西长38.3米，南北长38.6米，面积约1478平方米。陵园东部有烈士塔，建于1964年，砖结构，两层空心，一层南北两侧留券门洞，南侧门洞两边书楹联"发扬革命传统，争取更大光荣"北侧门洞两边书楹联"横眉冷对千夫指，俯首甘为孺子牛"。东西两侧分别书标语"树碑怀先烈，遗风启后人，碧血沃山川，浩气冲霄汉""成千上万的先烈，为着人民的利益，在我们的前头英勇地牺牲了，让我们高举起他们的旗帜，踏着他们的血迹前进吧"。二层南北两侧开券窗口，南侧窗口两边书楹联"生的伟大，死的光荣"，上方横批"永垂不朽"。北侧窗口两边书"鞠躬尽瘁，死而后已"，上方横批"英烈千古"。塔顶四角各立四角塔型柱，塔柱中间南北两侧做半圆形，东西两侧三角形，均为白边黄底红色五星装饰。塔内石碑一通，碑额题"万古流芳"，碑阳题"公元二零零七年七月""革命烈士永垂不朽英灵千古浩气长存""刘李庄镇人民政府"，碑阴为386字碑文：

图5-17　南冯烈士陵园烈士墓远景

　　我镇地处任高安三县交界处，是革命老区，在这片热土上建立了全县第一个党支部，由朱德总司令指挥的著名保北战役指挥部就设在南冯村。淀南之民众古之淳朴剽悍，在民族存亡国家危难之时热血男儿挺身而出抛妻别子参军参战，奋不顾身的投入到消灭日本侵略军和国民党反动派艰苦卓绝英勇不屈的斗争中，后方忠勇不分耄耋妇儿积极参加地方武装，生产自给站岗放哨抬担架救伤员送公粮做军鞋破公路拔据点，在人民战争中做出了巨大牺牲和贡献，在抗日战争、解放战争和抗美援朝战争中我镇有263名优秀儿女为国捐躯，其中白区党的领导干部两名省级干部两名县团级七名营连排级十七名，黄土埋忠骨老区颂英灵，革命烈士为民族生存和尊严为祖国独立和富强献出了他们宝贵的生命。愿陵园之内黄土之下忠魂永存精神不朽万古长青，让英雄们的业绩彪炳千秋永载史册。同时激励后人继承先烈遗志自强不息前仆后继，为建设繁荣昌盛的祖国和美好可爱的家乡而努力。

　　塔后立有65块烈士碑，其中1块为水泥质，立于1992年，其余均为石质，立于2012～2015年。2010年9月14日该陵园被安新县人民政府公布为县级文物保护单位（图5-17、图5-18）。

图 5-18　南冯烈士陵园烈士纪念塔

5.7 程岗烈士陵园

程岗烈士陵园位于雄县昝岗镇程岗村，陵园内有纪念碑一通，碑阳刻"革命烈士永垂不朽"，碑阴刻昝岗战役纪实。高209、宽70、厚16厘米。碑上建六角碑亭。碑亭后有无名烈士墓碑140块（图5-19、图5-20）。

图 5-19 程岗烈士陵园大门

图 5-20 程岗烈士陵园烈士碑亭

昝岗战役纪实

一九四七年九月，国民党第十六军九十四师率两个团六个营驻守雄县昝岗镇，我晋察冀野战军第四纵队一部于九月十四日下午包围了昝岗镇，对被围之敌发起了进攻。因我军长途奔袭劳顿，敌取守势且工事坚固，久攻不下。后又因暴雨突降，我军冒雨攀登敌壕，遭敌负隅顽抗，此刻暴雨的呼啸声与我军冲锋的呐喊声交织在一起，烈士的鲜血伴随着雨水遍地流淌，战斗异常惨烈。经两次拼杀均未奏效。遂停止攻击。十六日我军又发动了两次攻击，经数次拼杀均未突入城内。此时敌机源源不断空投弹药，补给被困之敌，又得悉敌军从北京、唐山、天津急调兵力增援，由于敌我兵力悬殊，我军遂撤出战斗。这次战斗虽未取得预期目的，沉重打击了敌人的嚣张气焰，动摇了国民党在雄县的反动统治，表现了我军指战员英勇顽强不怕牺牲的英雄精神。此次战役我地方党组织率领广大民兵、群众冒着枪林弹雨组成担架队、运输队将过百阵亡官兵运到了我村掩埋安葬。谨立此碑缅怀牺牲的烈士们，牢记先烈的英雄精神，建设美丽富裕的家园，告慰先烈英灵。

雄县人民政府敬立

5.8　梁神堂烈士陵园

梁神堂烈士陵园位于雄县昝岗镇梁神堂村北。陵园内有大理石碑亭一座，内置石碑一通，石碑为大理石制成，水泥碑座。阳面刻"革命烈士永垂不朽"，阴面刻"梁神堂战斗纪实"。石碑高2100、宽700、厚160毫米。碑亭后面为烈士墓，有20块大理石小墓碑（图5-21～图5-24）。

图5-21　梁神堂烈士陵园大门

图5-22　梁神堂烈士陵园烈士碑亭及烈士墓

雄
安
新
区
近
现
代
不
可
移
动
文
物
调
查
研
究
报
告

图5-23　梁神堂烈士
陵园烈士碑

图5-24　梁神堂烈士陵园

梁神堂战斗纪实

　　1939年12月，侵华日军对新城、雄、固、霸进行大规模的冬季扫荡，冀中军区为配合冀中十分区军民的反"扫荡"斗争，于12月中旬派出除奸部长卓雄为首的工作团到十分区开展工作，16日夜渡过大清河到达大步村。十分区派出二十七团掩护，在大步村会合后，北上进驻雄县梁神堂、张神堂和佐各庄三村，团部设在梁神堂。部队刚安排就绪，就被来自白沟、新城、泗庄、雄县县城的日伪军3000余人包围。次日晨抢占了分区部队和工作团驻地附近的李马浒、张马浒和刘神堂村，从东、西、北三面发起进攻。战斗从佐各庄打响，日军进行一阵炮火攻击后，编成方队，向村内发起进攻，当敌人完全进入我射击圈内时，驻守在该村的我军二十七团第三营的两个连猛烈开火，阻击敌人，敌败退。第二次敌以更大的方队扑来，又被击退。与此同时，梁、张神堂战斗也相继打响，敌人遭到同样的失败。第三次敌人集中四十余门火炮向村内轰击，再次进攻，仍遭失败。中午围攻之敌增加兵力，并调飞机两架，坦克两辆，装甲车三辆再次发起进攻。二十七团指战员在群众支援下坚守阵地，坦克、装甲车在手榴弹的轰击下难以发挥威力，短兵相接飞机也无能为力。最后敌人集中全力向团部驻地梁神堂攻击，并释放毒气。二十七团指战员用蒜泥堵住口鼻，坚守阵地。与敌展开巷战、肉搏战，直至把敌人赶到村外。天黑敌人停止进攻，在二十七团周围燃起堆堆大火，严加封锁，二十七团团长杨秀昆命令部队利用夜幕掩护进行突围。一小时后二十七团指战员保护军区工作团突出重围，安全转移到大清河南。此次战斗共歼敌400余人，击落敌机一架，击毁坦克一辆，缴获机枪两挺。二十七团伤亡90余人，政委杨子华负重伤。有14名村干部和48名群众被杀害，180间房屋被烧毁。

　　　　　　　　　　　　　　　　　　　雄县人民政府敬立

5.9　米家务烈士陵园

抗日战争时期，米家务是平、津、保抗日根据地三角中心地区，也是晋察冀边区冀中十分区司令部和十地委、十专署所在地。十分区司令员刘秉彦（曾任河北省委书记、省长，省人大主任）、政委旷伏兆将军（曾任中华人民共和国地质部副部长、中国人民解放军空军副政治委员、铁道兵第二政治委员）曾带领和指挥十分区人民同日本帝国主义进行了不屈不挠的生死搏斗。为纪念在抗日战争及解放战争中冀中一带所有牺牲的革命先烈的丰功伟绩，1984年兴建了米家务烈士陵园。陵园位于雄县米家务镇政府南100米路东，北侧紧邻雄县米家务中学，西侧为府前路。陵园共计占地1900多平方米，中央为烈士碑。烈士碑碑首刻有双龙戏珠，碑身阳面题"人民英雄永垂不朽""刘秉彦题一九八零年"，碑座为须弥座。碑首高0.69、宽0.8、厚0.17米；碑身高1.47、宽1.3、厚0.6米；碑座高0.48、宽1.3、厚0.6米。碑为石质，上建水泥六角碑亭。碑亭后方两侧塑有刘秉彦（北）与旷伏兆（南）两位开国将军的塑像。碑亭最后方（东）建有影壁，上题"冀中十分区米家务烈士陵园烈士纪念碑"。米家务烈士陵园现为雄县重点文物保护单位（图5-25～图5-31）。

图5-25　米家务烈士陵园

图5-26　米家务烈士陵园烈士碑亭

图5-27　米家务烈士陵园影壁

图5-28　米家务烈士陵园旷伏兆将军墓远景

图5-29　米家务烈士陵园
旷伏兆将军墓

图5-30　米家务烈士陵园刘秉彦将军墓远景

图5-31　米家务烈士陵园
刘秉彦将军墓

旷伏兆（1914～1996年），江西省永新县人。1929年参加革命，1933年参加中国工农红军并转入中国共产党。抗日战争时期，曾任冀中军区第一军分区政治委员，冀中军区警备旅政治委员，冀中军区第十军分区政治委员兼中共第十地委书记。解放战争时期，任晋察冀军区补训兵团政治部主任，晋察冀军区第六纵队副政治委员兼政治部主任，华北军区第一纵队政治委员，第二十兵团六十七军政治委员。中华人民共和国成立后，任中国人民志愿军第十九兵团政治委员，中华人民共和国地质部副部长，中国人民解放军空军副政治委员，铁道兵第二政治委员。1955年被授予中将军衔，获二级八一勋章、一级独立自由勋章、一级解放勋章。一级红星功勋荣誉章。1996年病逝于北京。

　　刘秉彦（1915～1998年），河北省蠡县人。1932年加入中国左翼作家联盟，1937年加入中国共产党，同年入伍。参加了土地革命、抗日战争、解放战争等。抗日战争时期，曾任冀中军区第十军分区参谋长、司令员。参加了百团大战和冀中抗日根据地反"扫荡"战役战斗。解放战争时期，任冀中军区第二纵队参谋长，冀中军区二十旅旅长，参加了固安、胜芳、唐河、保定、大清河、平泉、青沧、平津、霸县、永清、雄县、安次等战役战斗。在平、津、保三角地区留下深刻的战斗足迹，与大清河畔的人民结下了深厚的情谊。中华人民共和国成立后，任华北军区防空军司令部参谋长、代司令员，军委防空军参谋长，国防部五院副院长。1955年9月被授予少将军衔，荣获二级独立自由勋章，一级解放勋章。1960年，先后任第三机械工业部副部长兼导弹总局局长，第七机械工业部副部长，第八机械工业部常务副部长、党组副书记。是中国航天事业的开拓者之一。1981年，先后任中共河北省委书记、河北省省长、省人大常委会主任，是政协七届全国委员会常务委员。1998年在石家庄逝世，享年83岁。

5.10 安州烈士塔

安州烈士塔位于安新县安州镇小学院内。为了纪念安新县在抗日战争和解放战争中牺牲的烈士，1947年开始修建安州烈士塔，但由于当时国民党残余武装的骚扰没有建成。后于1956年重新动工修建，当年7月15日全部竣工。

安州烈士塔是一座雄伟的八角形五层砖塔，高30米，周长21.6米，坐北朝南。第一层正南正北各有一门，其他六面均用红漆刷毛主席语录"为人民而死，虽死犹荣""为国牺牲，永垂不朽""成千上万的先烈，为着人民的利益，在我们的前头英勇地牺牲了，让我们高举起他们的旗帜，踏着他们的血迹前进吧""人民英雄，永垂不朽""我们中华民族有同自己的敌人血战到底的气概，有在自力更生的基础上光复旧物的决心，有自立于世界民族之林的能力""生的伟大，死的光荣"。塔内有石碑三通，主碑迎面竖立，正面刻有"革命烈士永垂不朽"8个刷红大字，背面是长达629字的碑文，记录着安新县人民历次战斗的英雄业绩和对先烈无限怀念的深情。主碑右侧竖有1.85米高的青石碑一座，刻有白区4名烈士及抗日战争时期1177名烈士英名。左侧竖有1.9米高的青石碑一座，刻有在解放战争时期牺牲的474名烈士英名。第二层立有"尹景汾同志千古"牌位。

尹景汾（1915～1945年），安新县关城村人。1932年加入中国共产党。1937年抗日战争全面爆发后，他参加了孟庆山开办的游击干部训练班，1938年4月参加了河北游击军三纵队独立六团。同年9月与赵雨农组织四分区容城县三十二大队，任大队长。1942年4月，任容（城）定（兴）新（城）雄（县）涿（县）第一联合县县委书记时，在环境极端残酷的情况下，他仅带一个战斗班，同日伪周旋，并重新建立了小里、黑龙口、师庄等十几个党支部。1942年6月调任一联县敌工部长兼县大队政委。他根据当时的抗战形势总结出"区别对待，分化瓦解，打拉结合，以拉为主"的敌工政策，在全县建立了敌工工作网。1944年7月他指挥破获了卢化南、董古朋为首的敌情报组织，给敌以沉重打击。1944年10月，被任命为新涿县县委书记兼七十一大队政委。年底，他到涿县交褧一带组织反敌特斗争。由于叛徒告密，1945年1月5日拂晓被伪军王凤岗部包围。战斗中他多处受伤最后壮烈牺牲。

墙体东、西、北面各一块石碑。东、西墙石碑为"中华民国三十五年四月建立"的抗日战争时期各村烈士姓名。北墙石碑为抗美援朝时106名烈士英名。第三层陈列着熊焕章烈士遗像。

熊焕章（1989～1952年），安新县安州镇里村人。1898年生，1933年底加入中国共产党。在党的领导下，他团结群众积极开展革命斗争，反"硝盐局"、打"缉私队"，配合县、区抗日武装和雁翎队奇袭日军包运船队，袭击日军宪兵队，杀敌除奸，被当地人民称作"新英雄儿女"。1945年8月日本投降后，他任安新县城市工作部部长。任职期间，对取缔落后会道门，严惩特务、汉奸，恢复生产，维护城乡秩序做出了突出贡献。1952年9月10日在北京逝世后被追认为烈士。

安州烈士塔于1988年被公布为安新县重点文物保护单位。现已成为追悼革命烈士和进行爱国主义教育的重要基地，每年清明节都有大批中小学生到此进行扫墓和悼念活动（图5-32）。

图5-32　安州烈士塔

5.11　赵北口烈士祠

　　赵北口烈士祠位于安新县赵北口镇北街村西，四角攒尖碑亭，三面环水，与学校围墙北侧土路相通。碑亭内立有两通石碑。两碑形制相同，均为石质，由碑首、碑身、碑座三部分组成，碑身、圭首一体，碑首均浮雕二龙。碑首长0.78、宽0.77、厚0.24米；碑身高2.25、宽0.75、厚0.21米；碑座长0.93、宽0.45、高0.21米。东侧碑碑首阴刻楷书"浩气长存"，碑身阳面正中竖行阴刻楷书"安新县赵北口村死难烈士纪念碑"14字，立碑时间为"公元一九五二年五月"。西侧碑碑首阴刻楷书"精神不死"4字，碑身阳面阴刻楷书，刻有抗日战争、解放战争中牺牲的贾合营、徐老天、杨老七、李禄堂、杨福寿等共计43位烈士姓名、牺牲地点，他们牺牲前为战士、机枪手、班长、排长等。两通碑阴面均无文字（图5-33、图5-34）。

图5-33　赵北口烈士祠

图 5-34　赵北口烈士祠烈士碑（南—北）

安新县赵北口村死难烈士纪念碑

　　为中国人民革命而死难的先烈们，你们不愧为燕赵子孙，也不愧为中华民族优秀儿女，你们愧恨中国衰弱痛恨中国黑暗，你们挺身而起站在全体人民的前列，和侵略者战争和吃人的制度战斗，用了你们的心，尽了你们的力，流了你们的血，任何反革命的残暴挫折不了你们为民族为人民解放战斗的意志，任何反革命的利诱打不动你们为人民服务的心，你们的眼是向历史前面看。八年的抗战四年反攻，你们冒着枪林弹雨鞭打屠杀前仆后继，唤起了广大人尽的觉醒，使中国走向光明。在伟大的斗争中不幸你们做了杀身成仁舍生取义为民族捐躯，你们的精神永远不死！中国人民解放军万岁，革命先烈英名万岁！

　　　　　　　　　　　　　　　　　赵北口村民众敬竖

　　　　　　　　　　　　　　　　　公元一九五二年五月

5.12 西龙化烈士碑

西龙化烈士碑位于安新县龙化乡西龙化村西，碑阳刻有"抗日烈士永垂不朽"，尾题"二〇〇五年九月立"。阴面刻有西龙化村抗日英雄谱，包括"曹宝民 冀中军区组织部部长""曹增祥（曹长） 冀中军区电台台长""曹崇斌 任丘七区政委"等13位烈士姓名。纪念碑高1.82、宽0.7、厚0.2米；碑座高0.33、宽0.89、厚0.5米（图5-35、图5-36）。

图5-35 西龙化烈士碑（碑阳）

图 5-36　西龙化烈士碑（碑阴）

5.13　南庄子烈士纪念碑

　　南庄子烈士纪念碑位于雄县张岗乡南庄子村北侧，南50米为该村村委会，东侧、北侧为学校围墙，西侧为水泥路。该碑系南庄子全体村民于1991年6月1日为纪念南庄子村抗日战争期间为国捐躯的15位烈士而立。松柏掩映之中，四角攒尖碑亭，正方形水泥基座，边长7米。碑亭瓦面部分脱落，牌匾缺失。纪念碑为汉白玉质，碑身高1.95、宽0.8、厚0.19米。座高1.1、厚0.39、高0.33米。碑身阳面刻有"革命烈士永垂不朽"，碑阴刻有15位烈士姓名、性别、生年、参军时间、军队职务和牺牲地。碑下有须弥底座（图5-37～图5-39）。

图5-37　南庄子烈士纪念碑

图 5-38　南庄子烈士纪念碑（碑阳）

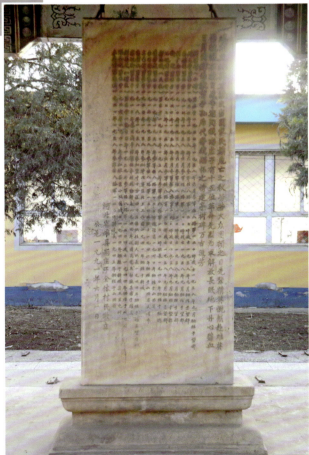

图 5-39　南庄子烈士纪念碑（碑阴）

图 5-40　佐各庄烈士纪念碑

5.14　佐各庄烈士墓

佐各庄烈士墓位于雄县昝岗镇佐各庄村西北角，南侧有土坑，北、东、西侧各有一条土路。据《雄县志》记载，1939年12月27日，日军围攻护卫晋察冀边区、冀中军区北上工作团的第五军区二十七团，在神堂、佐各庄村激战一昼夜，二十七团浴血奋战，歼敌400余人，击落敌机一架，击毁敌坦克一辆，缴获轻机枪一挺，二十七团伤亡90余人。29日凌晨，日伪军闯入佐各庄村，疯狂残杀了未来得及转移的伤员、14名村干部和48名无辜群众。这些牺牲的战士和遇难群众被埋葬于佐各庄村。为深切缅怀先烈的丰功伟绩，铭刻不能忘却的抗战历史，当地村民自发捐建了佐各庄烈士墓，原有村西北、村东、村北等3处墓地，现仅余村西北一处，共26座坟丘，分两排，北排12座、南排14座。东西长20、南北宽10米，面积200平方米。1999年佐各庄村委会在墓地北侧竖立烈士纪念碑。纪念碑为水泥浇筑，碑身高2.5、宽0.8、厚0.25米，水泥制作，正面刻有"革命先烈永垂不朽"；砖混底座长1.7、宽1.2、高0.7米（图5-40、图5-41）。

图 5-41　佐各庄烈士墓

5.15　圈头烈士祠

圈头烈士祠位于安新县圈头乡东街村与西街村交界处，长15.2、宽8.2米，坐北朝南正对南桥头。陵园内有安新县人民政府2013年3月所立烈士墓碑15块。陵园后部中央位置树烈士纪念碑一通，坐北朝南，通高1.8、宽0.64、厚0.23米。碑额题"英灵不朽"，碑身正面中央大字竖题"光荣烈士碑"，两侧各有两行小字："烈士伟功举世莫名，捍卫祖国壮烈牺牲，反抗侵略解放战争，帝国粉碎封建肃清""艰苦奋斗争取和平，革命事业勇敢担承，舍身为国精神不泯，生的伟大死的光荣"。碑首阴面阴刻楷书"英名长存"4个大字，碑身阴面中间阴刻楷书"公元一九五一年七月二十二日立"，两侧刻有抗日战争、抗美援朝牺牲的烈士共34人。抗日战争牺牲的有夏台雲、朱金柱、夏大雨、夏福隆、夏正伦、田根仲、陈英、张克□、张志成、陈章钡、陈来祥、张德全、陈广田、陈延勋、夏淑文、夏翰图、陈可仁、夏治如、陈之善、夏大乱、夏洛小、张大锁、马致铭、夏迷呼、张歪、张大眼、陈宝年、夏章志、张凤鸣、张筱混、夏洛德、夏国昌；抗美援朝牺牲的烈士有夏双会、夏岩春。据该村83岁老人陈双杰介绍，夏双会、夏岩春两位烈士牺牲前均为连长（图5-42）。

图 5-42　圈头烈士祠烈士碑

5.16　于庄烈士墓

　　于庄烈士墓位于安新县大王镇于庄村南，纪念碑记录了1941年6月初八路军冀中九分区二十四团被来自雄县、容城、安新三县的日军包围，时任营长的吴步云率领一个排20多名战士探查突围路线，行至马庄村附近，遭遇日军袭击，为不暴露主力部队位置，将日军引向村东南方向，撤退至于庄村南时，又遭遇来自大王镇方向的一支日军，除一人突围外，包括吴步云在内的13名官兵全部壮烈牺牲。吴步云部的英勇战斗吸引了大批日军，为二十四团主力部队成功突围赢得了时间。除吴步云外其余12名官兵均为无名烈士，他们集中埋葬于此，当地人俗称之"八路坟"（图5-43、图5-44）。

图 5-43　于庄烈士墓

图 5-44　于庄烈士纪念碑

5.17　北剌剌地烈士墓

北剌剌地烈士墓位于安新县老河头镇北剌剌地村北，被半圆形矮墙圈围，正前方竖纪念碑一通，碑阳刻文"正气还天地，身心献人民，英名传万代，树碑慰英魂""革命先烈永垂不朽"。碑阴刻录抗日战争牺牲烈士12人，解放战争牺牲烈士6人，国防建设牺牲1人。纪念碑后面竖烈士墓碑三排共计16块。2010年此处被公布为安新县重点文物保护单位（图5-45、图5-46）。

图5-45　北剌剌地烈士墓

图5-46　北剌剌地烈士墓墓碑

图 5-47　梁庄烈士碑

5.18　梁庄烈士碑

　　梁庄烈士碑位于安新县刘李庄镇梁庄村——小型烈士陵园。陵园中央为烈士纪念碑，坐西朝东。碑额题"浩气长存"，碑阳题"革命烈士永垂不朽"，碑阴内容为梁庄村在抗日战争和解放战争时期牺牲的革命烈士名单，共14名（其中抗日战争时期12名，解放战争时期2名），尾题"中共梁庄村支部委员会　安新县刘李庄镇梁庄村民委员会　率全体村民鞠躬敬立　2005年8月15日"。立一简易碑亭，两面正中匾额题"烈士碑"，正面两侧楹联"英名垂千古，丹心照汗青"，背面两侧楹联"高风传千里，亮节昭后人"。2007年从周边村迁来烈士墓碑8座安放于陵园后部。2012年3月16日此处被安新县人民政府公布为县级文物保护单位（图5-47、图5-48）。

图 5-48　梁庄烈士碑所在烈士陵园

5.19　刘李庄烈士纪念碑

刘李庄烈士纪念碑位于安新县刘李庄镇刘李庄村，1994年（甲戌）清明刘李庄村委会为本村13名革命烈士立碑纪念。碑亭四角立柱，四面坡顶。纪念碑碑阳题"革命烈士永垂不朽"，碑阴题13名烈士姓名、职务、牺牲年月及牺牲地（图5-49、图5-50）。

图5-49　刘李庄烈士纪念碑（碑阳）

刘梦增 小队长 一九四四年高阳

李大春 战士 一九四二年牺牲

李小军 战士 一九三八年任丘

李大荣 战士 一九四三年牺牲

李宝成 战士 一九四三年牺牲

刘兰 战士 一九四二年牺牲

刘泽 战士 一九四二年牺牲

刘仁小 战士 一九四二年牺牲

李小园 战士 一九四三年任丘

田大海 战士 一九四四年任丘

董乐 战士 一九四五年牺牲

刘秋来 战士 一九四五年牺牲

刘金会 战士 一九四六年牺牲

图5-50　刘李庄烈士纪念碑（碑阴）

5.20　采蒲台烈士祠

采蒲台烈士祠位于安新县圈头乡采蒲台村，为纪念采蒲台村 18 名革命烈士而建。原址位于采蒲台村内，为一座二层小楼。2006 年，在白洋淀边新建了烈士纪念碑，带栏杆基座，碑阳刻"革命烈士永垂不朽"，碑阴横题"万古长青"，竖刻"采蒲台村在抗日战争时期和解放战争期间为革命英勇牺牲的革命烈士铭锤如下：郭兰波、郭永贤、肖纪山、郭法成、郭皓培、郭巨峰、郭德昌、郭小猛、郭老球、夏老巴、郭小墩、郭文祯、郭鹏、郭伟田、郭秀、刘斌、郭喜田、郭腻外。为纪念革命烈士继承革命先烈的遗志，特立此碑永作纪念。公元 2006 年清明节立"（图 5-51～图 5-53）。

图 5-51　采蒲台烈士祠

雄安新区近现代不可移动文物调查研究报告

图5-52　采蒲台烈士纪
念碑（碑阳）

图5-53　采蒲台烈士
纪念碑（碑阴）

5.21 西良淀烈士碑

西良淀烈士碑位于安新县龙化乡西良淀村西南，为四角攒尖顶烈士亭，2000年修建。亭内烈士碑阳面刻有"王花、胡廷俊烈士之墓"。碑身高1.07、宽0.52、厚0.11米；碑座高0.12、宽1.05、厚0.38米。烈士亭后为烈士坟丘。

王花为龙化乡西良淀村人，14岁即在村里任儿童团团长，为八路军送信；16岁参军，1943年秋与日军作战中牺牲，年仅18岁。

胡廷俊，北京大兴人，少年英雄，部队路过西良淀时不幸染病去世（图5-54）。

图5-54 西良淀烈士碑（侧视）

图 5-55　辛璞田烈士祠

5.22　辛璞田烈士祠

辛璞田烈士祠位于安新县端村镇马家寨村村西。坐南朝北。东西长 20.22 米，南北长 10.2 米。院内有六角水泥碑亭一座，亭内有碑刻一通。通高 300、宽 87、厚 26 厘米；碑座高 52、宽 114、厚 70 厘米。碑额题"忠烈犹存"，正文题"革命先烈辛璞田同志之碑"。碑阴刻烈士生平。园内还有辛玉田、蔡大敬烈士墓碑（图 5-55～图 5-58）。

图 5-56　辛璞田烈士祠烈士纪念碑

辛璞田（1903～1928年），又名绍卿、田河，字瑾涵，号赤生，1903年出生于安新县马家寨村。五四运动爆发后，当时在直隶省立第一师范学校读书的辛璞田积极投入进步学生爱国运动中，同于方舟、邓颖超等人一起发动、组织天津广大青年学生和爱国同胞，同帝国主义、封建主义在天津的统治势力展开了激烈斗争，成为天津学生运动的领袖之一。辛璞田还创办了校刊《新开河》，以"田河"为笔名，写了许多进步文章，在社会上引起了强烈反响。1923年经江著源、于方舟介绍，辛璞田加入了中国共产党。在中共北方区委和顺直省委领导下，辛璞田积极组织天津海员和纱厂工人运动以及口北十县、冀中农民运动，取得了巨大成绩。1927年不幸被捕，次年遇害。辛璞田生前曾在《日新刊》上写过这样一句话："劳动，即是生活；牺牲，即是精神；流血，是为社会上留下痕迹！"辛璞田用他的鲜血和25岁的年轻生命实践了他的革命理想，在中国共产党的历史上、在中华儿女心中留下一道永远闪光的"痕迹"。1948年，辛璞田烈士牺牲20年后，冀中区党委副书记金城为其修墓、撰文、树碑："璞田同志毕生革命为党，为民族，为了人民的解放事业，顽强坚定，不屈不移，成为我们每个共产党员前进的榜样。"1993年此地被公布为县级文物保护单位。1996年3月，中共安新县委、县政府为辛璞田烈士重修烈士祠，以弘扬烈士功绩，教育后人。现辛璞田烈士祠为安新县青少年爱国主义教育基地。

图5-57　辛璞田烈士墓碑

图5-58　蔡大敬烈士墓碑

5.23 贾老巴烈士祠

贾老巴烈士祠位于安新县端村镇关城村北路东村民贾茂勇和贾双羊家中，门洞影壁上方牌匾题"人民功臣"。

贾老巴（1932～1949年）河北安新县关城村人，革命烈士。1943年，日伪军到关城村"扫荡"杀害了他的母亲。敌人的残暴和母亲的惨死在他幼小心中埋下仇恨种子。他十几岁就参加了村里儿童团，还担任了儿童团团长，为村里站岗放哨，希望和他的四哥一样也参加八路军杀敌，为母亲报仇。1946年7月，冀中独立七旅二十团经过白洋淀，年仅14岁的他背着家人毅然参加解放军。参军后他苦练战斗本领，是年9月，参加攻打徐水火车站战斗。老巴请命参加突击组，与战友从侧翼向敌碉堡包抄过去，乘敌不备架梯占领制高点，他带头迅速跳入敌营俘虏了残军，火车站被攻破。1947年1月31日，他所在第5连奉命攻打万庄车站，他一人连续炸毁两个碉堡，为部队前进扫清了障碍。同年6月，他参加攻打胜芳李家堡战斗，不幸腿部负伤，他忍着伤痛坚持战斗，与十几位战友消灭敌军一个排，解救妇女30多名。他参军11个月立3次战功，战友们称他"孤胆小英雄"，在冀中军区群英会上授予他"战斗英雄"称号。1948年在解放定兴和张家口战斗中两次负伤，战斗结束后任连副指导员。1949年4月19日参加解放太原战役，带领战士炸碉堡身负重伤，英勇牺牲。

后安新县人民政府在关城村为其立碑，以为纪念。碑刻坐东朝西。碑阳题"战斗英雄贾老巴烈士纪念碑 河北省安新县人民政府 一九九八年十月"。碑阴记载贾老巴烈士生平。碑高2.18、宽0.74、厚0.195米，座高0.41、宽1、厚0.51米。碑四周为石围栏，南北长2.37、东西长2.85米；围栏厚0.06、高0.5米；方柱边长0.13、高0.75米。此祠于2012年被公布为安新县重点文物保护单位（图5-59～图5-61）。

图 5-59　贾老巴烈士
祠牌匾

图 5-60　贾老巴烈士祠正门

图 5-61　贾老巴烈士祠纪念碑

5.24 李致光烈士祠

　　李致光烈士祠位于安新县老河头镇李家村，始建于1975年3月，于2011年3月进行修缮，为安新县爱国主义教育基地。烈士祠建筑总面积188.4平方米，园中立有纪念碑，碑亭后侧有李致光墓（图5-62、图5-63）。

图5-62　李致光烈士祠

图5-63　李致光烈士祠全景鸟瞰

5.25 张老棉烈士墓

张老棉烈士墓位于安新县芦庄乡牛角村北，墓北、东、南为农田，西为村间土路。烈士墓坐北朝南，墓碑立于封土南侧。墓碑铭文"张老棉烈士之墓 安新县人民政府立 二〇一三年三月"（图5-64）。

图5-64 张老棉烈士墓

第六章
雄安新区其他近现代不可移动文物

　　除前述传统民居、典型建筑、重要史迹和革命纪念设施外，文物调查中还发现三处其他近现代不可移动文物，包括一处名人墓葬，即我国近代著名爱国武术家、拳击技击家、鹰爪翻子拳创始人、"一代国术大师"、时称"鹰爪王"的陈子正之墓，以及两处民国时期碑刻，即马家庄蚕姑祠碑刻和李茂村太阳佛殿碑刻。

6.1　陈子正墓

陈子正墓位于雄县昝岗镇孤庄头村南分洪道南侧河堤南侧，北靠大堤，东1千米为雄昝公路，南1千米为雄县火葬场。陈子正墓位于其家族墓地内，该墓地葬有陈子正家族五代人，面积约50平方米，现墓地为其后人使用，陈子正墓前有后人2007年所立墓碑。

陈子正（1871～1933年），又名继平，字振祥，雄县昝岗镇李林庄人，是我国近代著名爱国武术家、拳术技击家、鹰爪翻子拳创始人，时称"鹰爪王""一代国术大师"，著有《鹰爪翻子拳》《鹰爪拳艺书》《鹰爪连拳五十路》《鹰爪翻子拳摘要》等书。陈子正自幼习武，1918年，应上海名流任壮飞、吴志清邀请在上海表演"鹰爪翻子拳"而声名大振。次年应邀赴上海精武会任教，同年任上海精武体育会副会长。1921年应邀赴香港传艺，次年赴新加坡精武分会任教，曾与英国拳击家比武获胜。1925年，回上海精武会继续任教。1933年病逝于北平，终年62岁。目前李林庄村有其故居，为其后人所住，现为河北省重点文物保护单位，其故居常有习武之人参观（图6-1、图6-2）。

图6-1　陈子正墓

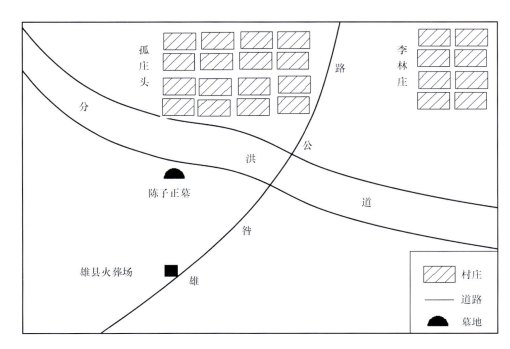

图6-2　陈子正墓地理位置示意图

图6-3　蚕姑祠碑刻

6.2　马家庄蚕姑祠碑刻

此碑刻为新发现文物点，位于容城县大河镇马家庄村长寿路22号右侧蚕姑祠内，为民国五年创修蚕姑祠时所立。青石质，碑首刻有龙纹，碑额题"万古流芳"，碑阳上题"创修蚕姑祠碑记"，"中华民国五年仲冬月穀旦立"，碑阴刻有募化人名单。碑首高0.43、宽0.56、厚0.13米；碑身高0.85、宽0.53、厚0.12米；碑座长0.7、宽0.39、高0.12米（图6-3、图6-4）。

图6-4　蚕姑祠

6.3　李茂村太阳佛殿碑刻

该碑刻为复查文物点，位于容城县南张镇李茂村东北，原地上建筑无存，现存建筑为1993年修建。现存三通石碑，其中两通石碑位于财神殿北侧，前后排列，前一通碑，碑额题记漫漶不清，碑阳上题"保定府容城县李茂村创修万古寺碑铭""光绪叁拾贰年岁在丙午……"，碑阴题"永垂不朽"，刻募化人名单；后一通碑，碑额阳刻云龙纹，题"流芳万代"，碑阳两侧阳刻八仙人物，上题"容城县李茂村创修太阳大殿一座誌铭"，"中华民国二十八年三月十五日立"，碑文两侧刻八仙图案。碑阴题"指日高升"，刻募化人名单，阴刻楷书右起"今将李茂村创修太阳佛殿，四方善男善妇名目列于……本村、段家营、西牛营、合村人等施洋四元八毛五、李扬氏施洋两元、商启祥施地二分……"；第三通石刻碑位于三仙圣母庙的左前方，字迹漫漶，碑阳左侧题"中华民国癸丑年三月初三……"。碑阴上部线刻暗八仙纹饰，中部刻"碑阴提名"四个大字（图6-5、图6-6）。

图6-5　李茂村太阳佛殿碑刻

图6-6　李茂村太阳佛殿遗址

第七章
雄安新区近现代不可移动文物价值评估与分级

雄安新区60处近现代不可移动文物涵盖了传统民居、宗教寺庙、水利交通、商贸会展、文化教育等工农业生产生活设施和名人墓葬、历史碑刻以及重要史迹、革命纪念设施等近现代不可移动文物的各种门类，内容丰富，内涵深刻，具有很高的历史价值、社会价值、文化艺术价值及文物研究价值（图7-1）。

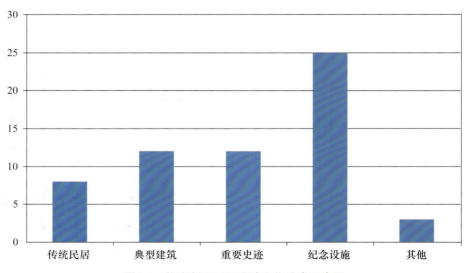

图7-1 雄安新区不可移动文物分类示意图

　　60处不可移动文物包括2处河北省重点文物保护单位，即陈调元庄园和陈子正故居，包括了15处市县级文物保护单位，即雁翎队打包运船遗址、端村惨案旧址、大田庄东头庙吕正操杨成武指挥部旧址、安州烈士塔、辛璞田烈士祠、北刺刺地烈士墓、南冯烈士陵园、容城县革命烈士纪念馆、北后台烈士陵园、容城烈士塔、米家务烈士陵园、雄县烈士陵园、新盖房枢纽、抗蓆苇税凉亭、西槐清真寺（图7-2）。

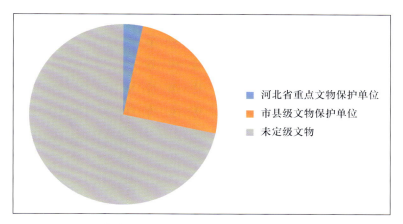

图7-2　雄安新区近现代不可移动文物保护级别示意图

　　从文物分布范围看，60处不可移动文物分布在雄安雄县雄州镇、昝岗镇、米家务镇、大营镇、苟各庄镇、鄚州镇、张岗乡、北沙乡、朱各庄乡、容城县城关镇、大河镇、南张镇、容城镇、贾光乡、安新县安新镇、安州镇、大王镇、端村镇、老河头镇、刘李庄镇、龙化乡、芦庄乡、圈头乡、同口镇、寨里乡、赵北口镇等26个乡镇，并且以白洋淀为中心，形成了一个各类近现代重要史迹和烈士墓、烈士祠、烈士陵园、烈士纪念馆等革命纪念设施密集分布的红色文物分布区。

　　为了便于开展下一步文物保护研究利用工作，并为新区规划建设提供科学依据，根据文物遗存性质、内涵、价值、规模、保存状况，经仔细分析研究，将雄安新区60处近现代不可移动文物初步划分为A、B、C、D四个等级，划分标准如下。

　　A级：具有鲜明时代特征和突出文物价值的、规模较大、保存较完整、有较高展示利用价值，并且有唯一性、不可替代性的传统民居、典型建筑、近现代碑刻；与重大历史事件、重要人物有关并具有重大历史价值和重大社会教育意义的近现代重要史迹、陵园或墓地；规模大、价值高、影响广的重要纪念设施。

B级：具有鲜明时代特征和较高历史价值、社会价值、文化艺术价值的且保存较好的传统民居、典型建筑、近现代碑刻；与重要历史事件、重要人物有关的具有重要社会教育意义的近现代重要史迹、陵园或墓地；规模较大、价值较高、影响较广的重要纪念设施。

C级：具有鲜明时代特征和一定历史价值、社会价值、艺术价值但原真性、完整性、保存状况均为一般的传统民居、典型建筑、近现代碑刻；与重要历史事件、重要人物有关的具有一定社会教育意义的近现代重要史迹、陵园或墓地；有一定规模、有一定价值、有一定区域影响力和社会教育意义的重要纪念设施。

D级：规模较小，保存状况较差，具有一定时代特征或具有一定历史价值、社会价值、文化艺术价值的或具有一定资料补充和考古统计意义的传统民居、典型建筑、近现代碑刻；与历史事件、革命人物有关的、具有一定文物价值或档案价值但规模和影响力较小的近现代重要史迹、陵园或墓地和纪念设施。

根据上述文物级别划分标准，雄安新区60处近现代不可移动文物分为A级7处、B级20处、C级14处、D级19处（图7-3）。

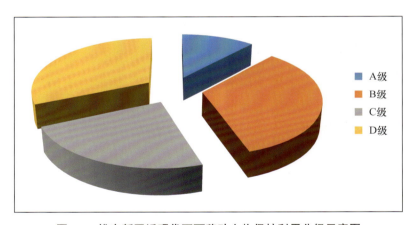

图7-3　雄安新区近现代不可移动文物保护利用分级示意图

7.1 雄安新区近现代不可移动文物A级（7处）

（图7-4）

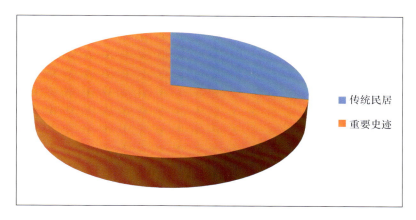

图7-4　雄安新区近现代不可移动文物A级分类示意图

　　陈调元庄园建于二十世纪初，占地面积4370平方米，建筑面积近2620平方米，由三进四合院组成，共建有房屋46间。正房均有台基踏步，硬山卷棚布瓦顶，木结构梁架，带前廊，前檐施柱，墙体地面以下用条石所砌，地面以上青砖磨光对缝。厢房屋顶形式较特殊，平顶，前后起脊砖檐，两山墙向上砌女儿墙，顶端挂瓦。整个院落做工精细，布局合理，甚为壮观。陈调元曾任国民党军长、安徽省主席兼督军、山东省主席兼督军、军事参议院院长等职。陈调元庄园具有鲜明时代特征和突出文物价值，规模较大、保存较完整、有较高展示利用价值，属于具有唯一性、不可替代性的传统民居，划为A级。

　　陈子正故居始建于1905年，占地约860平方米。四合院布局，硬山卷棚顶正房三间，前出檐平顶东、西配房各两间。房屋保存基本完好，跨院为练武场。陈子正是我国近代著名的武术大师，有"中国拳王"之称。陈子正在此先后居住长达35年。陈子正故居属于具有鲜明时代特征和突出文物价值的、保存较完整、有较高展示利用价值、并且有唯一性、不可替代性的传统民居，划为A级。

　　佐各庄惨案遗址是1939年12月日本侵略者对冀中根据地发动冬季大"扫荡"遭到惨重失败后，在佐各庄村对无辜群众进行灭绝人性的大屠杀的罪证。杀害我佐各庄无辜群众48人，烧毁房屋180余间。同日，在孤庄头村杀害群众15人，烧民房270余间。佐各庄惨案遗址与日军大屠杀重大历史事件直接相关，是具有重大历史价值和重大社会教育意义的近现代重要史迹，划为A级。

端村惨案遗址是1939年农历二月日军胁迫无辜群众交出八路军、交出抗日党员干部、组织维持会，未得到村民回应而恼羞成怒狠下毒手残酷杀害73名群众、大火烧毁4000多间房屋的罪证。端村惨案遗址与日军大屠杀重大历史事件直接相关，是具有重大历史价值和重大社会教育意义的近现代重要史迹，划为A级。

日军扒堤放水惨案旧址是驻安新县城的日军南本部队1939年7月17、19、25日三次扒开位于任丘七里庄村西北1千米处的千里堤，使白洋淀水汹涌泻出淀外，淹没田地，吞噬村庄，造成任丘、文安、大成、静海、青县、天津六县市一片汪洋，175万百姓流离失所的重要罪证。日军破堤时，对护堤群众进行毒打、机枪扫射，致3人死亡，50多人伤残。日军扒堤放水惨案旧址与日军大屠杀重大历史事件直接相关，是具有重大历史价值和重大社会教育意义的近现代重要史迹，划为A级。

1943年春，日本侵略者为"围剿"我抗日武装第五区小队，在中青村被阻击，因日本兵小队长被击毙而疯狂报复，在中青村烧民房百余户，虏杀村内妇女8人，儿童1人，男性老者1人，制造了中青村惨案。中青村惨案遗址与日军大屠杀重大历史事件直接相关，是具有重大历史价值和重大社会教育意义的近现代重要史迹，划为A级。

西侯留惨案遗址是1947年8月国民党反动派在雄县西侯留大肆抓捕杀害中共党员、基层干部和干部家属的历史罪证，共计308名干部群众罹难。西侯留惨案遗址与国民党反动派残害我干部群众的重大历史事件直接相关，是具有重大历史价值和重大社会教育意义的近现代重要史迹，划为A级。

7.2 雄安新区近现代不可移动文物B级（20处）
（图7-5）

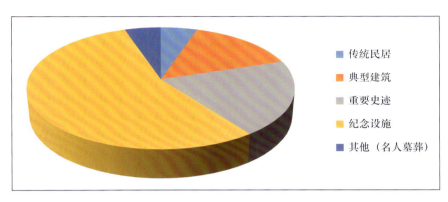

图7-5 雄安新区近现代不可移动文物B级分类示意图

> 传统民居
> 典型建筑
> 重要史迹
> 纪念设施
> 其他（名人墓葬）

　　蔡氏民居现存一进四合院，正房，东西厢房，倒座房，布局完整。正房面阔五间，进深一间，前出一步廊。东、西厢房面阔三间，进深两间。皆为平顶，前后檐，阴阳合瓦屋面。厢房外墙白灰打底红色标语"坚持社会主义道路，坚持无产阶级专政""解放思想开动脑筋实事求是团结一致向前看""实践是检验真理的唯一标准，在真理面前人人平等""伟大的马克思列宁主义毛泽东……"。蔡氏民居属于具有鲜明时代特征和较高历史价值、社会价值且布局完整保存较好的传统民居，划为B级。

　　新盖房枢纽为大清河北支控制工程之一，由五孔闸（引河闸）、二孔闸（灌溉闸）、七孔闸（分洪闸）和溢洪堰组成，具有泄洪、灌溉、输砂等综合功能。五孔闸（引河闸）桥全长60、宽6、高9米，两侧水泥柱上刻有"千万不要忘记阶级斗争。毛泽东""认真搞好斗、批、改。毛泽东""备战备荒为人民。毛泽东。建于一九七零年"等字样。二孔闸桥（灌溉闸）全长17、宽6、高9米，七孔闸，全长80、宽3、高9米，其西侧为溢洪堰。新盖房水利枢纽是具有鲜明时代特征和较高历史价值、社会价值且保存较好的大中型水利设施，是二十世纪七十年代典型建筑，划为B级。

　　抗蓆苇税凉亭高10米，六脊六面，攒尖顶，木质结构，于1985年重修。亭中央有民国时期青石碑一座，碑阳为《安新县重立蓆苇永免设税碑记》，落款题"中华民国十四年岁次乙丑夏□十二月毂旦"。碑阴记抗苇席税捐款人村名、捐款人姓名、施洋几何等内容。抗苇席税碑记反映了白洋淀民众因连年水患不得已自发反抗官府苛捐杂税维护自身利益的斗争，体现了民意觉醒和斗争胜利的喜悦。碑亭虽为二十世纪八十年代重建，已成为当地一个重要地标，具有鲜明时代特征和较高历史价值社会价值，切保存完好，划为B级。

西槐清真寺，始建于明永乐二年，1986年重修。为一四合院，座北朝南，南北长40、东西宽30米，占地面积约1200平方米。大殿建筑在高大的台基之上，为仿古砖木结构，面阔三间，中部进深三间，两侧进深两间，前部卷棚顶，中部为硬山顶，二者相连形成一殿一卷式勾连搭，中间一间最后一进则是四角攒尖顶，形成屋顶最高点，建筑形制颇为特别。清真寺另有北房六间、东房两间、南房四间，分别是办公、他库、净身场所。西槐清真寺是雄安新区颇具特色的近现代重要宗教建筑，具有重要历史价值和社会价值，且保存状况良好，划为B级。

陈子正墓位于雄县昝岗镇孤庄头村南，为陈子正及其家族墓地，墓前有后人2007年所立墓碑。陈子正（1871～1933年），又名继平，字振祥，雄县昝岗镇李林庄人，是我国近代著名爱国武术家、拳击技击家、鹰爪翻子拳创始人，时称"鹰爪王""一代国术大师"，著有《鹰爪翻子拳》《鹰爪拳艺书》《鹰爪连拳五十路》《鹰爪翻子拳摘要》等武学著作。陈子正墓作为雄安新区重要近现代历史名人墓葬，具有较重要的社会教育和纪念意义，划为B级。

板家窝战斗遗址是1939年2月余秋里率八路军一二〇师独立3支队在板家窝与日伪激战的战场遗址。此次战斗击毙日军78人，击伤日伪军100余人，缴获机枪6挺、迫击炮一门，长短枪65支，子弹数千发。这是我冀中十分区的第一次大胜仗，极大地鼓舞了我军民的战斗士气，增强了十分区人民的坚持平原游击战争的信心，也狠狠打击了日军的嚣张气焰。板家窝战斗遗址是与重要历史事件、重要人物直接相关的具有重要社会教育意义的近现代重要史迹，划为B级。

雁翎队打包运船遗址是1943年9月雁翎队在安新镇王家寨村以东水面伏击日伪运输军需的包运船的战斗遗址。此役雁翎队大获全胜，活捉日军头目初十加三郎和伪军河防大队长秦风祥，全歼100多名日伪军，缴获轻重机枪、步枪100多支，还有大批的军需物品。雁翎队是白洋淀人民在中共安新县委领导下组建的著名水上抗日武装。他们利用淀区芦荡遍布，沟河交错的有利地形，开展机动灵活的游击战，以弱胜强，痛击日本侵略军，大长我中华民族之威风，显示出燕赵儿女的聪慧勇敢。雁翎队打包运船遗址是与重要历史事件、重要人物直接相关的具有重要社会教育意义的近现代重要史迹，划为B级。

苟各庄伏击战遗址是1944年春节期间我冀中游击队第五小队和四十二区队三连在苟各庄村东北角处伏击日伪讨伐队的战斗遗址。此战将日军小队长小久保打死，消灭了日伪四五十人，缴获重机枪一挺，王八盒子、战刀各一把，取得了冀中抗日战争又一重大胜利。苟各庄伏击战遗址是与重要历史事件直接相关的具有重要社会教育意义的近现代重要史迹，划为B级。

雄县小庄歼灭战遗址是1948年9月晋察冀军区七纵二十旅二十一旅、冀中十分区七十五团、新固独立营在小庄一带伏击国民党保安第1旅"清剿"抢粮部队的战斗遗址。此役共毙伤敌人502名，俘1679名，缴获六〇炮13门、迫击炮3门、掷弹筒9个、重机枪9挺、轻机枪58挺、步马枪1282支、冲锋枪18支、手枪28支、炮弹161发、子弹100万发及其他大量物资。雄县小庄歼灭战遗址是解放战争时期与重要历史事件直接相关的具有重要社会教育意义的近现代重要史迹，划为B级。

容城县革命烈士纪念馆修建于1986年，是为纪念抗日战争时期狼牙山五壮士中容城籍烈士胡德林、胡福才和高家壕战斗中牺牲的八路军将士及自1926年容城县建立中国共产党党组织以来，在历次战斗中牺牲的革命烈士们而建，面积2560平方米。展厅两座，面阔三间，卷棚顶建筑。碑亭三座，六角攒尖形。保存完好，现为容城县重点文物保护单位。容城县革命烈士纪念馆是雄安新区规模较大、价值较高、影响较广的重要纪念设施，划为B级。

白洋淀雁翎队纪念馆占地面积为1666平方米，馆藏300多幅珍贵照片、200多件宝贵实物和一批重要文献资料，设有多个展厅，分设"全面抗战的爆发与冀中抗日根据地建立""侵华日军在白洋淀的暴行""雁翎队与水上游击战""喜迎抗日战争的胜利""继承革命传统，弘扬雁翎精神"等主题展览。白洋淀雁翎队纪念馆是雄安新区规模较大、价值较高、影响较广的重要纪念设施，划为B级。

容城烈士塔位于河北省容城县容城镇，独立成院。烈士塔为青砖砌筑，外为水泥砂浆，正面题"革命烈士永垂不朽"，背面题"重修革命烈士纪念碑说明"。台基四角为四通石碑，刻有刘济公、张俊峰、杨瑞森、文光斗、李书亭、宋玉科、任凤岁烈士事迹，现为容城县重点文物保护单位。容城烈士塔是容城县最要的革命烈士纪念地，是新区重要的爱国主义教育基地，价值较高，影响较大，划为 B 级。

北后台烈士陵园系抗日军民为纪念 1940 年 12 月冀中十军分区第三十二团与我平汉视察团在北后台与日本侵略军遭遇战时光荣牺牲的烈士而建。始建于 1946 年 4 月，但不久遭国民党赵玉昆部破坏。1947 年，县政府又建一简易碑楼。1974 年 10 月，容城县委、县政府重新修建，陵园占地面积 3000 平方米，四面筑有红砖围墙。陵园内葬有 497 名烈士，建有 131 座无名烈士碑。纪念塔内有一座纪念碑，刻有"北后台战斗三十二团无名英雄烈士碑记"和"重修北后台烈士碑说明"。现为容城县重点文物保护单位。北后台烈士陵园是雄安新区规模较大、价值较高、影响较广的重要纪念设施，划为 B 级。

雄县烈士陵园系 1974 年雄县革命委员会将烈士祠迁至城西大清河畔扩建而成，陵园中央建水泥结构"革命烈士永垂不朽"纪念碑一座，高 11 米。建纪念堂一座，堂内陈列部分烈士遗像，载有 1385 名烈士的英名录，正殿两侧分别设有烈士碑文和烈士纪念碑 9 块。雄县烈士陵园是雄县重点文物保护单位，保定市青少年体验教育基地，是新区重要的革命烈士纪念地、重要的爱国主义教育基地，价值较高，影响较大，划为 B 级。

程岗烈士陵园位于雄县昝岗镇程岗村，陵园内有纪念碑一通，碑阳刻"革命烈士永垂不朽"，碑阴刻昝岗战役纪实。碑上建六角碑亭。碑亭后有无名烈士墓碑 140 块。陵园系为纪念和安葬 1947 年 9 月我晋察冀野战军第四纵队一部围攻国民党第十六军九十四师驻雄县昝岗的两个团六个营敌军时英勇牺牲的 100 多位烈士而建，是新区重要的烈士墓地和爱国主义教育基地，划为 B 级。

梁神堂烈士陵园为纪念梁神堂战斗中牺牲的烈士而建。梁神堂战斗是 1939 年 12 月十分区二十七团掩护冀中军区工作团在梁神堂一带被大批日伪军包围而发生激战。此次战斗共歼敌 400 余人，击落敌机一架，击毁坦克一辆，缴获机枪两挺。二十七团伤亡 90 余人，政委杨子华负重伤。在日军报复行动中有 14 名村干部和 48 名群众被残杀。陵园有大理石碑亭一座，内置石碑一通，石碑阳面刻"革命烈士永垂不朽"，阴面刻"梁神堂战斗纪实"。碑亭后面为烈士墓，有 20 块大理石小墓碑。梁神堂烈士陵园与重大历史事件直接相关是新区重要的烈士墓地和爱国主义教育基地，划为 B 级。

米家务烈士陵园系为纪念在抗日战争时期及解放战争时期冀中一带所有牺牲的革命先辈的丰功伟绩于 1984 年兴建。陵园共计占地约 1900 平方米，中央为烈士碑。烈士碑碑首刻有双龙戏珠，碑身阳面题"人民英雄永垂不朽""刘秉彦题一九八零年"。碑亭后方两侧为刘秉彦(北)与旷伏兆(南)两位开国将军墓并有塑像。碑亭最后方(东)建有影壁,上题"冀中十分区米家务烈士陵园烈士纪念碑"。抗日战争时期米家务是平、津、保抗日根据地三角中心地区,冀中十分区司令部和十地委、十专署所在地。米家务烈士陵园与重要历史人物有关,现为雄县重点文物保护单位,是新区重要的革命纪念设施和爱国主义教育基地,划为B级。

佐各庄烈士墓位于雄县昝岗镇佐各庄村西北角。1939年12月十分区二十七团掩护冀中军区工作团在梁神堂一带被大批日伪军包围而发生激战。此次战斗二十七团伤亡90余人,在日军报复行动中有14名村干部和48名群众被残杀。这些牺牲的战士和遇难群众被葬于佐各庄村,原有村西北、村东、村北等3处墓地,现仅余村西北一处,共26座坟丘,分两排,北排12座、南排14座。东西长20、南北10米,面积200平方米。1999年佐各庄村委会在墓地北侧竖立烈士纪念碑,正面刻有"革命先烈永垂不朽"。佐各庄烈士墓是与重要历史事件直接相关的、规模较大、价值较高、影响较广的重要纪念设施,划为B级。

于庄烈士墓位于安新县大王镇于庄村南,葬有八路军冀中九分区二十四团吴步云营长及其他12名官兵。纪念碑记录了事件经过:1941年6月初八路军冀中九分区二十四团被来自雄县、容城、安新三县的日军包围,时任营长吴步云率领一个排二十多名战士探查突围路线,行至马庄村附近,遭遇日军袭击,为不暴露主力部队位置,将日军引向村东南方向,撤退时至于庄村南时,又遭遇来自大王镇方向的一支日军,除一人突围外,包括吴步云在内的13名官兵全部壮烈牺牲,吴步云部的英勇战斗吸引了大批日军,为二十四团主力部队成功突围赢得了时间。于庄烈士墓当地人俗称"八路坟",是与重要历史事件有关的重要革命纪念设施和爱国主义教育基地,划为B级。

安州烈士塔为八角形五层砖塔,高30米,周长21.6米,为了纪念安新县在抗日战争时期和解放战争时期牺牲的烈士于1956年建成。第一层正南正北各有一门,其他六面均用红漆刷毛主席语录"为人民而死,虽死犹荣""为国牺牲,永垂不朽""成千上万的先烈,为着人民的利益,在我们的前头英勇地牺牲了,让我们高举起他们的旗帜,踏着他们的血迹前进吧""人民英雄,永垂不朽""我们中华民族有同自己的敌人血战到底的气概,有在自力更生的基础上光复旧物的决心,有自立于世界民族之林的能力""生的伟大,死的光荣"。塔内有石碑三通,主碑迎面竖立,正面刻有"革命烈士永垂不朽"8个刷红大字，背面是长达629字的碑文，记录着安新县人民历次战斗的英雄业绩和对先烈无限怀念的深情。主碑右侧竖有1.85米高的青石碑一座，刻有白区4名烈士及抗日战争时期1177名烈士英名。左侧竖有1.9米高的青石碑一座，刻有在解放战争时期牺牲的474名烈士英名。第二层立有"尹景汾同志千古"牌位，第三层陈列着熊焕章烈士遗像。安州烈士塔是雄安新区规模较大、价值较高、影响较广的重要纪念设施，划为B级。

7.3　雄安新区近现代不可移动文物C级（14处）
（图7-6）

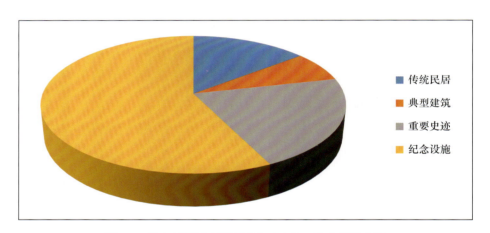

图例：
- 传统民居
- 典型建筑
- 重要史迹
- 纪念设施

图7-6　雄安新区近现代不可移动文物C级分类示意图

　　薛家胡同4号民居现仅存一进院，有南房及其东西耳房、过厅及其西耳房、东厢房。南房为硬山式屋顶，面阔三间，进深两间，三架梁，阴阳合瓦屋面。耳房为硬山式屋顶，阴阳合瓦屋面，面阔一间。东厢房为平顶屋顶，坡檐前大后小，面阔三间，进深两间。过厅为硬山式屋顶，阴阳合瓦屋面，面阔三间，进深两间。西侧有耳房一间。薛家胡同4号民居是具有明显时代特征和一定历史价值、社会价值、艺术价值的传统民居，保存状况一般，划为C级。

　　魏家胡同23号民居，四合院式民居。现存倒座、东西厢房、正房及东西耳房。倒座房为平顶，面阔五间，进深一间。东、西厢房为平顶屋面，前后小坡檐，面阔三间，进深两间，前出一步廊。正房为硬山卷棚顶，面阔三间，筒瓦屋面。东耳房为硬山卷棚顶，面阔一间，筒瓦屋面。四合院总长36米，总宽约17米。大门、东厢房两侧堵头墙刷有红色标语"伟大的无产阶级……""伟大的中国……"。魏家胡同23号民居规模不大，年久失修，原真性、完整性、保存状况一般，划为C级。

安新县老百货商店位于安新县城小南街东侧，独立院落，坐东朝西，占地3000多平方米，现存办公楼1座，临街门市2座、仓库2座。大门两侧方形水泥柱上题"发展经济"和"保障供给"。办公楼坐东朝西，沿进深方向布局，东西长19.4米，南北宽11.4米，青砖墙体，机瓦坡顶屋面，正面为阶梯式七花山墙，上部用水泥抹有五角星装饰和"中国共产党万岁"标语，下部中心辟门，两侧开窗。临街门市2座，为平顶建筑，北侧门市上部用水泥抹有"中国百货……安新县公司"等字。两座仓库为坡顶。安新县老百货商店具有鲜明时代特征和一定历史价值、社会价值、艺术价值但保存状况一般，划为C级。

大田庄东头庙杨成武、吕正操等抗日将领指挥部旧址位于安新县圈头乡大田庄古庙。正房面阔三间，进深二间。坐北朝南，布瓦顶，硬山建筑。始建于明代，庙前立清代同治年石碑一座。碑阳题"新安县大田庄阖村绅耆整理村坊碑记"，安新县重点文物保护单位。抗日战争时期这里是雁翎队主要活动地，也是抗日团体集合以及开展各项抗日活动的场所，杨成武、吕正操、甘泗淇、林铁、李志民、王奇才、旷伏兆、刘秉彦、刘光裕、陈鹏、王丙乾、宋志毅、孟庆山、魏洪亮等中共抗日将领都先后在古庙指挥着冀中军区、九分区和十分区军民的抗日斗争。1939年6月冀中军区反扫荡和改编河北游击军会议在庙内召开，冀中军区司令员吕正操、政委程子华、副司令员孟庆山参加了会议。大田主东头庙杨成武、吕正操等抗日将领指挥部日址系与重要历史事件、重要人物有关的具有一定社会教育意义的近现代重要史迹，划为C级。

冀中军区十分区驻地旧址位于河北省雄县米家务镇米家务村。1938年10月，晋察冀边区正式划定该地区为冀中军区第五分区，1940年8月1日，冀中五分区改称十分区。1939年初，该区党政军机关进驻雄县米家务一带，开辟抗日根据地，领导全区人民的抗日斗争，在米家务建造了能藏身、能战斗、能转移的地道，建立了房上通、地上通、地下通的三通"堡垒村"，使米家务一带成为十分区领导机关隐蔽活动的根据地，并逐步将十分区由敌占区变为游击区，又由游击区发展为巩固的抗日根据地。冀中军区十分区驻地旧址是与重要历史事件有关的具有一定社会教育意义的近现代重要史迹，划为C级。

冀中抗日堡垒村杨庄旧址位于雄县米家务镇杨庄村，是原冀中十地委机关所在地。1941年9月下旬，十地委在日军实行烧光、杀光、抢光"三光"政策、频繁进行大"扫荡"的严峻形势下，地委副书记杨英带领地委机关的几名干部深入到距敌岗楼不到半里路的杨庄坚持斗争，领导十分区人民灵活打击日本侵略者。地委干部领导村党支部、民兵和村民在全村挖通了网络式的"三通"地道工事，并在村头、街口、坟地等隐蔽处修筑了能防、能守、能攻、能退的地道出口。地委与杨庄村民在四年时间血肉相连，生死与共，粉碎了日伪军的多次"扫荡"，取得了抗日战争的最后胜利。冀中抗日堡垒村杨庄旧址是与重要历史事件、重要人物有关的具有一定社会教育意义的近现代重要史迹，划为C级。

南冯烈士陵园位于安新县刘李庄镇南冯村，面积约1478平方米。陵园东部有烈士塔，建于1964年，砖结构，两层空心，一层南北两侧留券门洞，南侧门洞两边书楹联"发扬革命传统，争取更大光荣"北侧门洞两边书楹联"横眉冷对千夫指，俯首甘为孺子牛"。东西两侧分别书标语"树碑怀先烈，遗风启后人，碧血沃山川，浩气冲霄汉""成千上万的先烈，为着人民的利益，在我们的前头英勇地牺牲了，让我们高举起他们的旗帜，踏着他们的血迹前进吧"。二层南北两侧开券窗口，南侧窗口两边书楹联"生的伟大，死的光荣"，上方横批"永垂不朽"。北侧窗口两边书"鞠躬尽瘁，死而后已"，上方横批"英烈千古"。塔内石碑一通，碑额题"万古流芳"，碑阳题"革命烈士永垂不朽　英灵千古浩气长存"，碑阴为386字碑文，纪念刘李庄镇在抗日战争时期、解放战争时期和抗美援朝战争中牺牲的263名烈士。烈士塔后立有65块烈士碑。南冯烈士陵园现为安新县重点文物保护单位，是雄安新区有一定规模、有一定价值、有一定区域影响力和社会教育意义的重要纪念设施，划为C级。

赵北口烈士祠位于安新县赵北口镇北街村西，四角攒尖碑亭，碑亭内立有两通石碑。东侧碑碑首阴刻楷书"浩气长存"，碑身阳面正中竖行阴刻楷书"安新县赵北口村死难烈士纪念碑"。西侧碑碑首阴刻楷书"精神不死"4字，碑身阳面阴刻楷书，刻有抗日战争、解放战争中牺牲的贾合营、徐老天、杨老七、李禄堂、杨福寿等共计43位烈士姓名、牺牲地点、生前军职等。赵北口烈士祠是雄安新区有一定规模、有一定价值、有一定区域影响力和社会教育意义的重要纪念设施，划为C级。

西龙化烈士碑位于安新县龙化乡西龙化村西，碑阳刻有"抗日烈士永垂不朽"，碑阴刻有西龙化村抗日英雄谱，包括"曹宝民　冀中军区组织部部长""曹增祥（曹长）　冀中军区电台台长""曹崇斌　任丘七区政委"

等13位烈士姓名。西龙化烈士碑是雄安新区有一定规模、有一定价值、有一定区域影响力和社会教育意义的重要纪念设施，划为C级。

南庄子烈士纪念碑位于雄县张岗乡南庄子村北，系南庄子全体村民为纪念南庄子村抗日战争时期为国捐躯的十五位烈士于1991年6月1日而立。四角攒尖碑亭，汉白玉质纪念碑阳面刻有"革命烈士永垂不朽"，碑阴刻有15位烈士姓名、性别、生年、参军时间、军队职务和牺牲地。南庄子烈士纪念碑是雄安新区有一定规模、有一定价值、有一定区域影响力和社会教育意义的重要纪念设施，划为C级。

辛璞田烈士祠位于安新县端村镇马家寨村村西。辛璞田1903年出生于河北省安新县马家寨村。五四运动爆发后，辛璞田积极投入进步学生爱国运动中，是天津学生运动的领袖之一。1923年加入了中国共产党后，积极组织天津海员和纱厂工人运动以及口北十县、冀中农民运动，取得了巨大成绩。1927年不幸被捕，次年遇害。1948年，冀中区党委副书记金城为其修墓、撰文、树碑："璞田同志毕生革命为党，为民族，为了人民的解放事业，顽强坚定，不屈不移，成为我们每个共产党员前进的榜样。"1996年3月，中共安新县委、县政府为辛璞田烈士重修烈士祠。辛璞田烈士祠是与重要历史人物有关的、有一定规模、有一定价值、有一定区域影响力和社会教育意义的重要纪念设施，划为C级。

圈头烈士祠位于安新县圈头乡东街村与西街村交界处，内有安新县人民政府2013年3月所立烈士墓碑15块。陵园后部中央位置竖烈士纪念碑一通，碑额题"英灵不朽"，碑身正面中央大字竖题"光荣烈士碑"，碑身阴面刻有抗日战争、抗美援朝牺牲的34位烈士姓名。圈头烈士祠是有一定规模、有一定价值、有一定区域影响力和社会教育意义的烈士墓地，划为C级。

北刺刺地烈士墓位于安新县老河头镇北刺刺地村北。纪念碑一通，碑阳刻文"正气还天地，身心献人民，英名传万代，树碑慰英魂""革命先烈永垂不朽"。碑阴刻录抗日战争牺牲烈士12人，解放战争牺牲烈士6人，国防建设牺牲1人。纪念碑后面竖烈士墓碑三排共计16块。北刺刺地烈士墓为安新县重点文物保护单位，是有一定规模、有一定价值、有一定区域影响力和社会教育意义的烈士墓地，划为C级。

梁庄烈士碑位于安新县刘李庄镇梁庄村。陵园中央为烈士纪念碑，坐西朝东。碑额题"浩气长存"，碑阳题"革命烈士永垂不朽"，碑阴内容为梁庄村在抗日战争时期和解放战争时期牺牲的14名革命烈士名单。梁庄烈土碑现为安新县重点文物保护单位，是有一定规模、有一定价值、有一定区域影响力和社会教育意义的烈士墓地，划为C级。

7.4 雄安新区近现代不可移动文物D级（19处）
（图7-7）

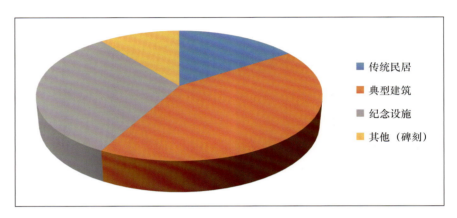

图7-7 雄安新区近现代不可移动文物D级分类示意图

端村民居位于安新县端村镇东街路，院落坐北朝南，由倒座、正房和东、西厢房四座建筑组成。大门位于倒座东侧，布瓦坡顶。东西厢房面阔二间，进深一间，硬山布瓦顶，东厢房南山墙置座山影壁。门楼和东西厢房为民国时期建筑。倒座及正房为二十世纪九十年代改建。端村民居规模较小，保存状况较差，是具有一定时代特征和文物资料补充价值的传统民居，划为D级。

西马三村民居仅存大门，青砖垒砌，硬山坡檐，砖雕墀头，木作雀替，木门上有铺首衔环，木门槛外有抱鼓石一对。西马三村民居是具有一定时代特征和文物资料补充价值的传统民居，划为D级。

北冯民居现存两幢北屋，为二十世纪七十年代典型民居。面阔三间，进深一间，平顶，砖檐，檐脊饰莲花砖雕、忠字瓦当、莲花纹滴水。北冯民居是具有一定时代特征和文物资料补充价值的传统民居，划为D级。

幸福桥位于大营镇付家营村西南北向水渠上，红砖砌筑，桥面长13、宽3.7米。单拱，拱高2.6、跨度8米。桥两侧立面用水泥写有文字，北立面中部为"幸福桥"，两侧为"战天斗地、改造自然"，下面为建桥时间"1974年8月1日"；南立面中部为"幸福桥"，两侧为"狠抓革命、猛促生产"。幸福桥是具有一定时代特征、一定历史价值、社会文化价值和资料补充价值的水利交通典型建筑，划为D级。

跃进桥位于大营镇大营村西侧的南北向水渠上，青砖砌筑，桥面长13、宽3.7米。单拱，拱高2.6、跨度8米。桥两侧立面用水泥写有文字，北立面中部为"跃进桥"，两侧为"鼓足干劲、力争上游"。南立面中部为"跃进桥"，"以粮为纲、□□□□"，字迹部分脱落。跃进桥是具有一定时代特征、一定历史价值、社会文化价值和资料补充价值的水利交通典型建筑，划为D级。

东四庄供销社建于二十世纪六七十年代，坐南朝北，面阔五间，进深一间，硬山坡顶。明间门楣两层装饰，上层为五星、麦穗和花朵；下层为"为人民服务"标语。门楣上方两侧筑高擎方柱，顶端塑水泥花朵。东次间、梢间上题"发展经济"，西次、梢间上题"保障供给"。东四庄供销社是具有一定时代特征、一定历史价值、社会文化价值和资料补充价值的商业贸易类典型建筑，划为D级。

郝庄商店位于安新县刘李庄镇郝庄村，建于二十世纪六七十年代，面阔五间，进深一间，硬山坡顶建筑。明间门楣处水泥抹"郝庄商店"四字，两次间分别抹有"发展经济"和"保障供给"标语。郝庄商店是具有一定时代特征、一定历史价值、社会文化价值和资料补充价值的商业贸易类典型建筑，划为D级。

宗家佐供销社位于雄县苟各庄镇宗家佐村，二十世纪七十年代建造，面阔八间，红砖卧砌到顶，硬山起脊两面坡屋面，门窗上方砌水泥池子，内抹匾额"宗家佐公社""供销服务社"及标语"面向工农兵""为人民服务""共产党万岁""毛主席万岁""发展经济""保障供给"。檐下设三道铸铁通风管口，饰五角星图案。宗家佐供销社是具有一定时代特征、一定历史价值、社会文化价值和资料补充价值的商业贸易类典型建筑，划为D级。

北边吴商店位于安新县芦庄乡北边吴村，该建筑为二十世纪七十年代建造，坐北朝南，面阔五间，进深一间。明间大门上砌水泥池子，内抹"北边吴商店"五字。北边吴商店是具有一定时代特征、社会文化价值和资料补充价值的商业贸易类典型建筑，划为D级。

梁庄小学位于安新县刘李庄镇梁庄村。坐北朝南，现存大门和二层教学楼。大门门楣三层装饰，下层水泥抹面上刻双菱形图案；中层用水泥抹"梁庄小学"四字；上层砌圆形，中间用水泥抹五角星图案。门楣上方两侧高擎方柱上抹五角星图案。教学楼面阔四间，进深一间，二层平顶建筑，上部用水泥抹有"高举毛泽东思想伟大红……"字样，腰线位置抹有"社会主义金光大道""学大寨人艰苦奋斗""走大庆路自力更生"等标语。梁庄小学是具有一定时代特征、一定历史价值、社会文化价值和资料补充价值的文化教育类典型建筑，划为D级。

容城县大礼堂位于容城县城金荣街，东西长21.3米，南北长34米，硬山起脊，无柱，内部空间宏大。二十世纪七十年代仿造苏联设计修建。木质吊顶，吸音墙面。内设舞台、设备间、更衣间。正立面红色大字书"千秋万代高举毛泽东旗帜前进"标语。容城县大礼堂是具有一定时代特征、一定历史价值、社会文化价值和资料补充价值的文化教育类典型建筑，划为D级。

刘李庄烈士纪念碑位于安新县刘李庄镇刘李庄村，1994年（甲戌）清明刘李庄村委会为本村13名革命烈士立碑纪念。碑亭四角立柱，四面坡顶。纪念碑碑阳题"革命烈士永垂不朽"，碑阴题13名烈士姓名、职务、牺牲年月及牺牲地。刘李庄烈士纪念碑具有一定文物价值，但属于规模和影响力较小的近现代革命纪念设施，划为D级。

采蒲台烈士祠位于安新县圈头乡采蒲台村。为纪念采蒲台村18名抗战烈士而建。主体为带栏杆基座的纪念碑，碑阳刻"革命烈士永垂不朽"。采蒲台烈士祠具有一定社会价值，但规模和影响力较小，划为D级。

西良淀烈士碑位于安新县龙化乡西良淀村西南，为少年英雄王花、胡廷俊烈士之墓，2000年修建四角攒尖顶烈士亭并立碑纪念。西良淀烈士碑是与历史事件、革命人物有关的、具有一定文物价值或档案价值的烈士墓地及其纪念设施，划为D级。

贾老巴烈士祠、李致光烈士祠、张老棉烈士墓是分别纪念贾老巴、李致光、张老棉三位革命烈士的纪念设施，具有一定社会价值，均划为D级。

马家庄蚕姑祠碑刻、李茂村太阳佛殿碑刻均为近现代重修寺庙所立捐资记事碑，具有一定社会文化和文物资料价值，均划为D级。

第八章

雄安新区近现代不可移动文物保护利用研究

雄安新区60处近现代不可移动文物，按性质、内涵、规模、保存状况、文物价值分为A、B、C、D四级（图8-1）。不同性质、不同级别应该采取不同的保护利用措施。结合雄安新区建设规划的实际情况，本着既有利于文物保护，有利于充分发挥文物社会教育功能，又有利于新区统筹规划建设的指导方针，经研究并多方征求意见，提出如下保护和利用建议。

8.1　关于A级不可移动文物

　　雄安新区近现代A级不可移动文物包括2处民居建筑和5处重要史迹。2处传统民居为陈调元庄园和陈子正故居。陈调元庄园占地面积较大，建筑等级较高，保存状况较好，具有典型的北方民居建筑特色，有较高的建筑、文化、艺术价值，可观赏性强。陈调元本人是雄安本土重要历史人物，曾任国民党军长、安徽省主席兼督军、山东省主席兼督军、国民党政府军事参议院院长等职，具有一定的社会影响。陈调元庄园已经是雄安新区一张靓丽的文物名片，作为重要的文化旅游资源，在雄安未来文化旅游事业发展中必将发挥更加重要的作用。建议对陈调元庄园加强管理、原址保护、充分利用。保护方面除了文物本体的保护应按照历史建筑类省级文物保护单位修缮保护有关规则和程序进行外，文物环境的保护和综合治理也应予以高度重视、统筹规划。陈子正故居建筑规模不大、建筑等级不高、有一定建筑特色、保存状况尚好。但陈子正是我国近代著名的武术大师，有"中国拳王"之称，且在此先后居住长达35年，具有较大的社会影响，因此该处民居仍然具有较高的文物价值，同样建议原址保护，妥予管理，合理利用。5处重要史迹中端村惨案旧址、日军扒堤放水惨案旧址、佐各庄惨案遗址、中青村惨案遗址是日本侵略者残杀我无辜百姓的血证，西侯留惨案遗址则是国民党反动派反人民的罪证，此5处重要史迹具有无与伦比的历史和文物价值，特殊的性质决定了5处史迹须原址保护，并应：①进一步调查相关史实，采集翔实可信的口碑资料，制作文字和视频档案；②现场勘查，明确遗址位置、范围、空间关系，重点落实遇难村民墓地位置、保护范围；③现场应永久树立保护标志，警醒后人；④在全方位采集信息基础上，沙盘形式模拟当时场景，形象记录景物、人物、史实对应关系；⑤科学整理、深入研究，以展览、书籍、档案等各种形式充分利用这批珍贵文物和相关资料，充分发挥社会教育功能。

8.2　关于B级不可移动文物

　　B级不可移动文物共20处，包括容城蔡氏民居、抗蓐苇税凉亭、西槐清真寺、新盖房枢纽4处传统民居和典型建筑。蔡氏民居是冀中地区典型的四合院，现存正房，东西厢房，倒座房，布局完整。正房面阔五间，进

深一间，前出一步廊。东、西厢房面阔三间，进深两间。皆为平顶，前后檐，阴阳合瓦屋面，区域特征鲜明。房屋墙壁刷有多处红色标语，极富时代沧桑感，是二十世纪六七十年代白洋淀地区普通民居的典型代表，具有重要的标本意义，原则上建议原址保护。抗蒂苇税凉亭高10米，六脊六面，攒尖顶，木质结构，亭中央有民国时期青石碑，碑阳为《安新县重立席苇永免设税碑记》，具有鲜明时代特征和较高历史价值社会价值，且已成为当地一个重要地标，建议原址保护。西槐清真寺，始建于明永乐二年，1986年重修，占地面积约1200平方米。大殿建筑在高大的台基之上，为仿古砖木结构，前部卷棚顶，中部为硬山顶，二者相连形成一殿一卷式勾连搭，后间则是四角攒尖顶，形成屋顶最高点。建筑形制颇为特别。西槐清真寺是雄安新区颇具特色的近现代重要宗教建筑，有着较为广泛的社会影响，且保存状况良好，具有重要历史价值和社会价值，建议原址保护。新盖房枢纽为大清河北支控制工程之一，由五孔闸（引河闸）、二孔闸（灌溉闸）、七孔闸（分洪闸）和溢洪堰组成，具有泄洪、灌溉、输砂等综合功能。五孔闸两侧水泥柱上刻有毛主席语录，具有鲜明时代特征，对了解雄安大规模基本建设之前地形地貌、记录和展示二十世纪七十年代工农业生产技术、理念和成就具有重要意义，且保存较好，具有较高历史价值、社会价值，作为二十世纪七十年代水利设施类典型建筑，建议原址保护。简言之，上述4处民居和典型建筑建议尽可能原址保护，同时加强管理、妥予修缮、结合区域建设规划予以合理利用。

20处B级不可移动文物包括雁翎队打包运船遗址、苟各庄伏击战遗址、板家窝战斗遗址、雄县小庄村歼灭战遗址4处革命遗址。此4处遗址中雁翎队打包运船遗址、苟各庄伏击战遗址、板家窝战斗遗址是抗日战争时期我冀中军民在中国共产党领导下英勇奋战、抵御外侮、沉重打击日本侵略者的重要史迹，雄县小庄村歼灭战遗址则是解放战争时期我军重创国民党反动派推进全国解放的一次光辉战斗，这4处遗址具有重要历史价值和社会教育价值，对于弘扬民族精神、增强文化自信、团结带领人民群众奔向民族复兴新征程具有重要意义。建议原址保护，并结合区域建设规划，设计高质量建筑小品，树立保护标志，图示当年人文和自然环境，标示遗址位置范围，记述英勇战斗史实，为新区建设增加人文光彩。

B级不可移动文物还包括容城县革命烈士纪念馆、白洋淀雁翎队纪念馆、雄县烈士陵园、容城烈士塔、安州烈士塔、米家务烈士陵园、程岗烈士陵园、梁神堂烈士陵园、佐各庄烈士墓、于庄烈士墓、北后台烈士陵园11处革命纪念设施。其中容城县革命烈士纪念馆、白洋淀雁翎队纪念馆是新区重要的综合性革命纪念设施，专业场馆的建设和主题鲜明的陈列展览在新区思想文化建设方面发挥着巨大作用，建议予以保留，适当时间并可升级改造甚至扩建。雄县烈士陵园、容城烈士塔、安州烈士塔则是雄安三县标志性、中心性的革命烈士纪念地，建议予以保留，适当时间可予以改造提升或迁建、扩建。米家务烈士陵园、程岗烈士陵园、梁神堂烈士陵园、佐各庄烈士墓、于庄烈士墓、北后台烈士陵园是分别与原十分区革命烈士及司令员刘秉彦（曾任河北省委书记、省长，省人大主任）、政委旷伏兆（曾任中华人民共和国地质部副部长、中国人民解放军空军副政治委员、铁道兵第二政治委员）和咎岗战斗、梁神堂战斗、神堂-佐各庄战斗、马庄-于庄战斗、北后台战斗等重要历史人物或历史事件直接相关的烈士墓地，凝聚了当地群众及各界人士对烈士的深厚缅怀之情，不同于一般的烈士墓地，而且这些烈士陵园或烈士墓地均有一定规模，纪念建筑也各有特色并深深融入了当地人民的浓浓乡情，成为了当地一道独特的人文景观。建议尽可能予以原址保护并勤加修葺强化管理。必须迁建时应尽可能保持现有特色、现有风格，并保持相对的独立空间和主题完整性。

陈子正墓作为名人墓葬也列为B级不可移动文物，建议原址保护，并与陈子正故居统筹规划，合理利用。

8.3　关于C级不可移动文物

列入C级的不可移动文物包括魏家胡同23号民居、薛家胡同4号民居、安新县老百货商店、大田庄东头庙杨成武、吕正操等抗日指挥部旧址、米家务冀中十分区驻地旧址、冀中抗日堡垒村杨庄遗址、辛璞田烈士祠、圈头烈士祠、赵北口烈士祠、南冯烈士陵园、北刺刺地烈士墓、西龙化烈士碑、南庄子烈士纪念碑、梁庄烈士碑等14处。魏家胡同23号民居、薛家胡同4号民居具有明显时代特征和一定社会价值，两者均位于安新县城，相对距离较近，可予以适当保护利用。安新县老百货商店具有鲜明时代特征，有一定规模，当年在安新社会经济生活中曾扮演重要角色，也是当年安新地标性建筑，从"回望历史、记住乡愁"的角度具有一定保护保留价值，可予以适当保护利用。大田庄东头庙是始建于明代、清代同治年间重修的一座面阔三间硬山布瓦顶建筑，抗日战争时期吕正操杨成武等爱国将领曾在此召集会议、组织抗日活动，也是雁翎队和其他抗日团体频繁活动的地方，具有一定历史价值和社会教育、革命纪念意义，可适当予以保护利用。米家务冀中十分区旧址、杨庄冀中抗日堡垒村遗址，见证了抗日战争时期我党敌后工作的艰苦卓绝、凝聚着敌占区群众对敌后工作的支持和贡献，留下了许多可歌可泣的革命事迹，至今也还有一部分宝贵的革命遗迹，具有一定历史价值和社会教育意义，应尽快深入挖掘整理，结合建设规划，可适当予以保护利用。辛璞田烈士祠、圈头烈士祠、赵北口烈士祠、南冯烈士陵园、北剌剌地烈士墓、西龙化烈士碑、南庄子烈士纪念碑、梁庄烈士碑是由当地政府或村委会修建，或村民自发捐资修建纪念乡土英烈的具有一定规模、具有一定影响力、至今保存状况较好并仍然在发挥一定社会教育职能的革命烈士纪念设施，在不影响新区规划建设的前提下，可予以适当保护利用。如需迁建建议保留各自相对独立性，便于各村群众更好的记住乡愁缅怀英烈。

8.4 关于D级不可移动文物

D级不可移动文物包括端村民居、北冯民居、西马三村民居、容城县大礼堂、北边吴商店、郝庄商店、宗家佐供销社、东四庄商店、梁庄小学、跃进桥、幸福桥、贾老巴烈士祠、安新县李致光烈士祠、刘李庄烈士纪念碑、西良淀烈士碑、张老棉烈士墓、采蒲台烈士祠、马家庄蚕姑祠碑刻、李茂村太阳佛殿碑刻等19处。其中端村民居、北冯民居、西马三村民居保留了传统民居的部分建筑和部分特征，保存状况较差，文物价值较低，建议全面采集信息，存档备查。容城县大礼堂、北边吴商店、郝庄商店、宗家佐供销社、东四庄商店、梁庄小学、跃进桥、幸福桥8处典型建筑具有一定时代特征，但建筑规模、建筑等级以及使用过程形成的社会价值较低，建议全面采集信息，存档备查。贾老巴烈士祠、安新县李致光烈士祠、张老棉烈士墓、刘李庄烈士纪念碑、西良淀烈士碑均为当地革命烈士纪念设施，规模较小，保存状况较差，建议采集信息，统筹规划，集中管理，既要彰显烈士尊严，又要实事求是，充分发挥革命纪念设施社会教育职能。马家庄蚕姑祠碑刻、李茂村太阳佛殿碑刻均为重修寺庙捐资记事碑刻，有一定研究价值和社会价值，建议采集信息，存档备查，有条件时集中保管、适当利用。

综上所述，A级不可移动文物价值很高，意义重大，应予以加强管理、原址保护、充分利用，打造成为新区靓丽的文化名片或社会教育重要阵地。B级不可移动文物具有较高的历史价值文物价值，在新区文化建设和精神文明建设方面发挥着重要作用或具有较大发掘利用必要性，应予以足够重视，建议原址保护，并加强管理、合理利用。C级不可移动文物具有一定历史价值文物价值，在不影响新区规划建设的前提下，建议妥善保护，适当利用。D级不可移动文物历史价值文物价值相对较低，保存状况较差，建议采集信息，存档备查，适当利用。

附表 雄安新区近现代不可移动文物一览表

序号	名称	类别	地理位置	文物保护单位级别	保护利用分级
1	陈调元庄园	民居	安新县同口镇同口村北	河北省重点文物保护单位	A
2	陈子正故居	民居	雄县昝岗镇李林庄村	河北省重点文物保护单位	A
3	蔡氏民居	民居	容城县容城镇东关村东关路		B
4	魏家胡同23号民居	民居	安新县城内魏家胡同23号		C
5	薛家胡同4号民居	民居	安新县城内薛家胡同4号		C
6	端村民居	民居	安新县端村镇东街路		D
7	北冯民居	民居	安新县刘李庄镇北冯村向阳路7号		D
8	西马三村民居	民居	安新县寨里乡西马三村		D
9	抗蓆苇税凉亭	典型建筑	安新县安州镇大东庄村西南角	安新县重点文物保护单位	B
10	西槐清真寺	典型建筑	雄县雄州镇西槐村西北部	雄县重点文物保护单位	B
11	新盖房水利枢纽	典型建筑	雄县米家务乡新盖房村北	雄县重点文物保护单位	B
12	安新县老百货商店	典型建筑	安新县城小南街东侧		C
13	郝庄商店	典型建筑	安新县刘李庄镇郝庄村		D
14	梁庄小学	典型建筑	安新县刘李庄镇梁庄村		D
15	北边吴商店	典型建筑	安新县芦庄乡北边吴村		D

续表

序号	名称	类别	地理位置	文物保护单位级别	保护利用分级
16	东四庄供销社	典型建筑	容城县贾光乡东四庄村		D
17	容城县大礼堂	典型建筑	容城县容城镇金谷中街		D
18	跃进桥	典型建筑	雄县大营镇大营村西		D
19	幸福桥	典型建筑	雄县大营镇付家营村西600米		D
20	宗家佐供销社	典型建筑	雄县苟各庄镇宗家佐村		D
21	雁翎队打包运船遗址	重要史迹	安新县安新镇王家寨村东	安新县重点文物保护单位	B
22	端村惨案遗址	重要史迹	安新县端村镇东堤村东街路189号路西侧	安新县重点文物保护单位	A
23	中青村惨案遗址	重要史迹	安新县同口镇中青村及保驾佐村东街口		A
24	日军扒堤放水惨案遗址	重要史迹	雄县鄚州镇七里庄村西北		A
25	西侯留惨案遗址	重要史迹	雄县雄州镇西侯留村		A
26	佐各庄惨案遗址	重要史迹	雄县昝岗镇佐各庄村		A
27	雄县小庄歼灭战遗址	重要史迹	雄县北沙乡小庄村		B
28	苟各庄伏击战遗址	重要史迹	雄县苟各庄镇四街村与三街村交界处		B
29	板家窝战斗遗址	重要史迹	雄县米家务镇板家窝村		B
30	冀中军区十分区驻地旧址	重要史迹	雄县米家务镇米家务村		C
31	冀中抗日堡垒村杨庄旧址	重要史迹	雄县米家务镇杨庄村		C
32	大田庄东头庙杨成武、吕正操等抗日指挥部旧址	重要史迹	安新县圈头乡大田庄村	安新县重点文物保护单位	C

序号	名称	类别	地理位置	文物保护单位级别	保护利用分级
33	安州烈士塔	纪念设施	安新县安州镇小学院内	安新县重点文物保护单位	B
34	白洋淀雁翎队纪念馆	纪念设施	安新县白洋淀景区文化苑		B
35	于庄烈士墓	纪念设施	安新县大王镇于庄村南		B
36	容城县革命烈士纪念馆	纪念设施	容城县城关镇上坡村村西	容城县重点文物保护单位	B
37	北后台烈士陵园	纪念设施	容城县城北贾光乡北后台村西南	容城县重点文物保护单位	B
38	容城烈士塔	纪念设施	容城县容城镇金容中街	容城县重点文物保护单位	B
39	米家务烈士陵园	纪念设施	雄县米家务乡米家务北府前路西	雄县重点文物保护单位	B
40	雄县烈士陵园	纪念设施	雄县雄州镇五铺村	雄县重点文物保护单位	B
41	程岗烈士陵园	纪念设施	雄县昝岗镇程岗村		B
42	梁神堂烈士陵园	纪念设施	雄县昝岗镇梁神堂村北		B
43	佐各庄烈士墓	纪念设施	雄县昝岗镇佐各庄村西北角		B
44	辛璞田烈士祠	纪念设施	安新县端村镇马家寨村村西	安新县重点文物保护单位	C
45	北刺刺地烈士墓	纪念设施	安新县老河头镇北刺刺地村北	安新县重点文物保护单位	C
46	梁庄烈士碑	纪念设施	安新县刘李庄镇梁庄村		C
47	南冯烈士陵园	纪念设施	安新县刘李庄镇南冯村	安新县重点文物保护单位	C
48	西龙化烈士碑	纪念设施	安新县龙化乡西龙化村西		C
49	圈头烈士祠	纪念设施	安新县圈头乡东街村与西街村交界处		C

续表

序号	名称	类别	地理位置	文物保护单位级别	保护利用分级
50	赵北口烈士祠	纪念设施	安新县赵北口镇北街村西		C
51	南庄子烈士纪念碑	纪念设施	雄县张岗乡南庄子村北侧		C
52	贾老巴烈士祠	纪念设施	安新县端村镇关城村北路东		D
53	李致光烈士祠	纪念设施	安新县老河头镇李家村		D
54	刘李庄烈士纪念碑	纪念设施	安新县刘李庄镇刘李庄村		D
55	西良淀烈士碑	纪念设施	安新县龙化乡西良淀村西南		D
56	张老桕烈士墓	纪念设施	安新县芦庄乡牛角村北		D
57	采蒲台烈士祠	纪念设施	安新县圈头乡采蒲台村		D
58	陈子正墓	名人墓	雄县昝岗镇孤庄头村南分洪道南侧河堤南侧		B
59	马家庄蚕姑祠碑刻	碑刻	容城县大河镇马家庄村长寿路22号右侧蚕姑祠内		D
60	李茂村大阳佛殿碑刻	碑刻	容城县南张镇李茂村东北		D

后 记

2017年4月雄安新区设立后，在河北省文物局统一领导下，由河北省文物研究所（今河北省文物考古研究院）牵头，联合中国社会科学院考古研究所、故宫博物院、国家博物馆、河北省古代建筑保护研究所（今河北省文物与古建筑保护研究院）、河北省文物保护中心（今河北省文物与古建筑保护研究院）等省内和国家级文博单位组成雄安新区联合考古队，对雄安新区全域进行了拉网式文物调查、勘探、试掘，本人很荣幸担任了总领队。当时，以河北省古代建筑保护研究所为主组建的第七调查组承担了雄安全域古建筑和近现代不可移动文物的调查。该组由赵喆同志担任领队，辛勇、董旭、孙京利、贾腾、王俊天、毛澳朋等同志都曾参加调查工作。

本报告主要资料即源于联合考古队2017~2018年雄安新区全面文物调查。雄县小庄歼灭战遗址、冀中抗日堡垒村杨庄遗址、冀中军区十分区驻地旧址等部分资料参考了河北人民出版社2008年出版的《晋察冀边区革命遗址通览》。在编撰时，部分市县级文物保护单位条目参考了河北省第三次全国文物普查有关资料。

本报告主要由河北博物院冯立新同志和笔者负责编写，冯立新执笔撰写了第二章、第三章、第四章、第五章、第六章，笔者执笔撰写了第一章、第七章、第八章，并对全书做了统稿。李蕾同志负责绘制了雄安新区近现代不可移动文物分布图和雄安新区近现代不可移动文物保护利用分级分类示意图以及部分单体文物位置示意图。河北省文物考古研究院魏振军、郝娇娇、郭晓明、马小飞等同志参与了部分资料整理工作。

中共河北省委党史研究室阎丽、王林芳、岳雪侠研究员对相关党史内容进行了认真审阅并提出了宝贵意见。本书出版得到了科学出版社文物考古分社孙莉分社长的大力支持，赵越编辑为本书出版付出了辛勤劳动。

谨向以上各单位、各同志及未能一一俱道的同志表示衷心感谢。

本书着眼于一手调查资料的整理研究，水平所限，难免有疏漏之处，敬请方家指正。

毛保中

2023 年 10 月